真人真事真有事

那些課本沒有教的 小故事、大歷史

Zass17 著

目次

CONTENTS

序

揣摩與推敲，享受悠遊歷史的旅程 011

第一章

那些很有事的人物

美女當前，齊宣王您有事嗎？ 017
馬拉松之父金栗四三，一場比賽跑了半世紀 019
打開手機就會想起的維京王．藍牙 021
愛因斯坦得諾貝爾獎不是因為相對論？ 024
「徐娘半老」的本尊徐昭佩 026
連日本人都祭祀的鄭成功 028
發現新大陸的第一人不是哥倫布？ 031
斧頭幫幫主王亞樵是暗殺大王 033

看風向高手「雲裡金剛」宋萬　035
葉格，和那些比聲音還快的男人們　037
被演藝事業耽誤的理工女凱斯勒　040
人美命不美的艾娃．嘉德納　042
諾頓一世，美國空前絕後的皇帝？　045
曼德維爾「創造」出的旅遊暢銷書　048
官場上的「東方不敗」馮道　051
小野田寬郎，那個最後投降的男人　054
醫學界的「小李飛刀」李斯頓　058
「洛基」威帕納，擊倒拳王阿里的平民　060
黑色瑪莉，美國西部時代的傳奇女鏢師　062
丹齊格那個「比平常難了一點」的作業　064
超性格海盜班傑明的養成故事　066
搶下美國移民史頭香的安．摩爾　070
「真．蘇聯隊長」齊娜伊達．波特諾娃　072
腦殼有洞，與子彈共存一輩子的米勒　075
最賣命的「絕命」律師范倫汀漢　077

政治風水輪流轉，第一位被罷免的市長吉爾 079
默劇大師馬歇・馬叟，真實無聲的救援 081
鐵達尼號出身的「船」奇人物查爾斯 084
比爾・奈與杜夫朗格，好萊塢低調的兩位高材生 086
虜獲人心「北韓豔諜」金賢姬的告白 089

第二章 那些很有事的文化

沒有盡頭的國際圓周率日 095
讓女王無法遊車河的大惡臭 097
遠超出想像的馬拉松賽跑距離 099
金屋藏嬌背後的姑嫂權力爭奪戰 102
靠左走，是因為騎馬還是配戴武士刀？ 104
「真是棒」詮釋了日不落國的驕傲 106
電椅的交直流電大戰 108
史上最性感的生日快樂歌 110

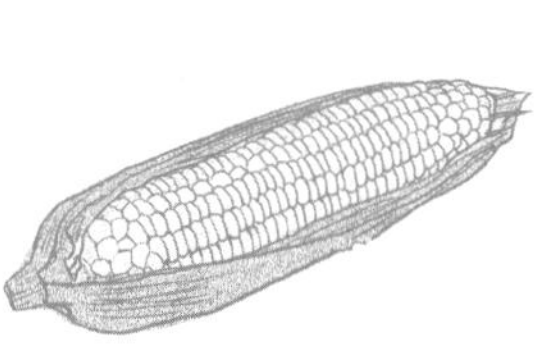

連曆法都要特立獨行的北韓 113
本來不受歡迎的澀谷忠犬八公 115
負擔得起的英國皇家認證商品 117
燈塔是古時候船員們的媽祖 119
腹胃疾病的黑色仙丹征露丸 121
情人節的起源帶著點血腥 124
腦補滿載的古文新解 126
是獅還是虎，糾纏不休的貓科紛爭 129
英國研究到底可不可信？ 131
嚇死人的愚人節 134
不知要去哪裡的「日出之橋」 138
失落七百年的微積分 140

第三章

那些很有事的戰爭

倒V手勢起源的阿金庫爾戰役 145

史上最大規模的雷伊泰灣海戰 147
最有名的奇襲珍珠港戰役 149
貿易逆差是鴉片戰爭的導火線 152
日俄戰爭不只爭勝負這麼簡單 155
二次大戰中的精采真假情報戰 158
大平洋戰爭中移動的人造島礁 161
美國真會做生意的克里米亞戰爭 164
法國大革命為何選中巴士底監獄？ 166
臺灣第一炸的松山空襲 168

第四章

那些很有事的業配文

清心寡慾的佳樂氏玉米片 173
VOLVO汽車背後的「V」故事 175
廁所中的貴婦明星花露水 177
任天堂是間成人影片公司？ 179

第五章

那些很有事的酒肉飯事

百事可樂曾是軍事強權？ 181
一百年前就有串流音樂了？ 184
借錢借到自己破產的喬治與瑪莉 186
BMW充滿機械肌肉味的歷史 188
把空氣包裝起來就能賺大錢 190
凡事講究的英國，為何對食物不講究？ 195
被義大利人仇視的夏威夷披薩 197
魔鬼的飲料——咖啡 200
左宗棠雞和李鴻章雜碎 202
毋忘在莒的金門高粱 204
女人的嘆息——香檳 206
從海軍起源的日式咖哩飯 208
奴隸和囚犯只能龍蝦吃到飽 211

三分之一與四分之一的漢堡戰爭 214
制憲前的酒鬼們大群聚 216

第六章

那些很有事的歷史

歐洲歷史閱讀指南 221
陰錯陽差拆掉的柏林圍牆 223
兩邊收錢辦事的北海小英雄 225
ＮＢＡ歷史中的最大交易 228
《獨立宣言》背後發生什麼事？ 230
球衣背號隱藏的豆知識 232
格陵蘭和冰島名不符實？ 235
香豔刺激的《西廂記》 237
加州的黃金傳說 240
娓娓道來臺北城門史 243
南美領土最大國巴西的歷史 246

方唐鏡總是提到的《大清律例》 249
惡名昭彰的黑三角貿易 252
在臺灣稱王得看八字夠不夠重 255
愛恨情仇百轉糾纏的印度獨立 258
島嶼散布的廣闊太平洋誰能當家？ 261
古柯鹼嗑到飽的毒梟聖「熊」 263
史上有紀錄以來的最大聲響 265
讓澳洲傷亡慘重的兔子戰爭 267
那個武俠小說常出現的契丹國 269

序

揣摩與推敲，享受悠遊歷史的旅程

創業時的雄心壯志，會投射出未來的願景，就是期許在一段時間的付出後，會形成如何的樣態。粉專的建立也是差不多的心路歷程，下面那段文字，就是當時在Facebook上留下來的期許，這些年來不曾有所變更，就持續置頂放在網頁最顯著的地方，提醒自己莫忘初衷：

「重度YouTube成癮者、電影電視迷、愛好歷史照。喜歡找些怪怪的影片、圖片來翻翻看。」

最早就是這麼單純的起心動念，「Zass17」這個網頁經營了好幾年，一開始只是隨手分享一些自覺有趣的照片、影片，意外的是透過網際網路的無遠弗屆，赫然發現網路比現實生活更適合取暖，藉由Facebook的演算法，這個粉專找到許多同頻率的共鳴，在這個人工成形的同溫層中，不知不覺中也累積了超過十萬「鄉民」的支持，而說到這個用語，又忍不住手癢來個歷史回顧。

「Netizen」（鄉民），是一個九〇年代才出現的字彙，語源是來自網際網路（Internet）及公民（citizen）的概念結合。這個用於網路使用者的說法，當年並沒有引起風潮，只有不太跟西方接軌的中國媒體，來做為網民的慣稱，而與中國又不同調的臺灣網路文化，自然又是另一番風貌。本地的網路使用者經常基於個人才疏學淺的自謙（？），又帶些邊緣人的自暴自棄，一方面嘲解自己的意見被當空氣，順便揶揄自身的存在無足輕重，只能比照周星馳電影中，鄉間閒人來看熱鬧並適時起鬨，大家總是帶者幾分自嘲自虐，而彼此互稱鄉民，然而在相較眾生平等的網路世界，就算不是主流意見，配備了鍵盤與滑鼠的鄉民們，只要帶者志氣、尊嚴、傻氣及很多的時間，誰都有權利與機會讓自己的聲音被聽見。

現代人並不熱中被很多文字轟炸，來網路世界混的都知道，照片顯然是相較更能汲取關注的流量密碼。然而Facebook系統內建功能還是比較老派作風，總會不時死心地提醒，分享照片之餘要寫些內容來說明，而在這已備好觀眾也滿座的舞臺，都堵麥到面前了，總是要挖心掏肺地訊息資訊大放送，才不致辜負粉絲的支持吧？

既然厚著臉皮，號稱是在鄉民之間廣受歡迎的知識性（？）粉絲團，心虛之餘總不好意思單純就Google加複製貼上來搪塞，因此就在眾家的不嫌棄下，放膽加上自己的觀點來試水溫，摸索久了不敢說能掌握風向，至少是累積了很多想法來替某些鄉民發聲。在不受限的自由發揮與意見交流下，這個粉專的走向，在腦力激盪間緩緩發展出自己的個性，其實傾斜往歷史的各自解讀，有些出乎意料，不過都匯集成不太可逆的發展，本粉專也順勢隨波逐流，卻之不恭以（部分）鄉民代表自居，透過市場上有相同想法（其實是勇氣多一些）的出版公司力挺，我們嘗試去解讀一些過去式的回顧，由一些歷史上的時間點重新切入，也許是個早有定論的新翻案，可能是某重大關鍵的再檢視，或是將微不足道卻意外扮演關鍵角色的人事物，拿來發表的後見之明，不受原先歷史定位的局限而放肆揮灑，這本來是鄉民之見的大鳴大放，不敢說是高明的見解，可是歷史不是本來就該有不同角度的各自表述才公允？

考古一直是門孤獨的學問，嚴謹的推論沒有足夠的專業支撐很難勝任，我等不是科班出身的半路出家，通常只是自得其樂的孤芳自賞，事實上史料極有可能在史學家的主觀下淹沒在冷僻中，所以常常必須把自己帶入當時的時空環境（其實也一樣係基於個人的主觀架構就是）來揣摩與推敲，我的意思是，以傳統方式解讀歷史當然有其值得敬重的價值，然而從歷史的碎片中用不同視角去思索，也不至於沒有意義，歷史泛指人類社會過去的事件行動，在所有因子影響下的總合，透過有系統的記錄、詮釋和研究，誰都可以有自己的想法，我始終堅信歷史是最不應該有標準答案的學問，那絕對不是絕對真理的宇宙定律，不必正襟危坐、引經據典，甚至是茹素沐浴、更衣焚香加三跪九叩，才可以獲得頓悟的領域，尋找自己心目中的答案，有時過程比結果來的有趣，就算走冤枉路其實也無妨，因為在這麼主觀的論述裡，自己摸索出來的結論，未必與其他人的認知可以共通，而其中的樂趣卻可是全然獨享的，在撰寫這本書的過程中我很盡興，希望閱讀的您也能有一樣的感受。

引用一段我非常喜愛的作者娥蘇拉．勒瑰恩，也就是奇幻小說《地海系列》創造者的話，來總結我的感受：

「旅程，最好有個終點，但最終，旅程本身才是最重要的。」

因為這樣才會有續集啊！

第一章

那些
很有事的
人物

美女當前，齊宣王您有事嗎？

開宗明義，既然打上「真人真事真有事」的名號，本書當然是童叟無欺，全書都由是歷史上的真實素材所發展出來的，全部經過海量不同版本的史料查證比對，也許輔以稍稍（？）不同史觀的詮釋，但保證都是真人真事的存在，至於真有事的部分，勢必是要從這句「有事鍾無豔，無事夏迎春」的典故說起。

這句話用來形容一個人有需要時，才臨時抱佛腳去巴結他人，平日不需要時就棄之如敝屣，原意則還有隱含重色忘義的深沉譴責。這要追溯至戰國時代的齊國，這個靠海的富裕國家，當時由齊宣王當家，本名為鍾離春的鍾無豔，是當時齊國無鹽邑的居民，又稱作鍾無鹽，後代寫成鍾無豔是誤傳。形容不好看女子的「貌似無鹽」，是將錯就錯發展出來的形容詞，這位年過四十仍未嫁的無鹽女子據說長得很不美，根據劉向在《列女傳》與《新序》中的記載，鍾離春的額頭像中間有洞的臼、雙眼深陷、面容枯槁黯淡、上下比例失調、鼻子朝天、脖子肥短、喉結明顯、頭髮稀疏、皮膚黝黑而且骨架巨大，但這位奇女子覲見齊宣王時，卻能勇於面斥主君夜夜笙歌的縱情聲色，又能有條不紊地陳述了齊國四大危機，齊宣王被鍾無豔的當頭棒喝後痛改前非，勵精圖治，並且散盡後宮美女，迎娶非典型美女鍾無豔為王后，從此勤政改革成為一代明君。

不過歷史總是要聽聽另一面的說法來平衡，想來齊宣王解散後宮只是做做樣子，因為傳言享「齊」人之福的他，同時還有性喜玩樂的夏迎春作陪，野史傳聞中夏迎春乃是齊國第一美女。齊宣王只有在國事如麻時會去找鍾無豔煩心，沒事的太平歲月便會去找夏迎春享受人生，公私分明，各司其職，堪稱是工作生活平衡的絕佳典範。

既然要看有沒有事再決定找誰共度良宵，當然就必須應景地問齊宣王一句：「您有事嗎？」

你知道嗎？鍾無豔是不以外型為訴求的女性中好評度較高的，然而苛薄的中國讀書人把更上古時代黃帝的次妃（第四妃）嫫母，排為中國古代四大醜女之首，這可是有史書為證的，以呂不韋為名所編撰的《呂氏春秋》就毫不客氣地寫說黃帝的這位妃子貌醜而賢德。據說銅鏡的發明者正是嫫母，是不是這個原因才把外貌寫在才德前面，不敢斷言，然而歷史就是要有自己的解讀與認知才有趣，不是嗎？

馬拉松之父金栗四三，一場比賽跑了半世紀

隨著營養與運動訓練的提升，足以展現人類體能極限的馬拉松紀錄不斷被挑戰及更新，肯亞的基普喬蓋已經締造兩小時內跑完的紀錄，但由於那是為了突破人類極限而精心設計過的非正式比賽，故成績不會列入國際田徑總會的紀錄。

現在奧林匹克競賽史上最慢的馬拉松比賽記錄，是由有日本馬拉松之父之稱的金栗四三，在一九一二年斯德哥爾摩奧運會中締造的，或者說，在事隔多年的一九六七年三月二十一日，才以五十四年八個月六天五小時三十二分二〇・三七九秒的時間完成比賽。

這場一百多年前在瑞典索倫蒂納市舉行的比賽，當天氣溫達到北歐罕見的攝氏四十度，六十四名參賽選手中有超過一半的人中暑，高溫加上旅途勞累及對當地食物的不適應，金栗四三在比賽中途失去了意識而昏迷，被當地農戶照料救起的他，醒來時已經是比賽結束後的第二天。金栗四三在沒有通知比賽官員的情況下返回了日本，在長達五十年的時間裡瑞典奧運會委員會皆認為他已失蹤，甚至已經不在人世。結果在一九六二年編回顧刊物時，意外發現金栗四三不但還活者，而且之後奧運會的馬拉松比賽都沒有缺席。故且不論一九一六年的奧運會，由於第一次世界大戰而取消，之後金栗四三又參加了一九二〇年的安特衛普奧運會，並以兩小時四十八分四十五．四秒的成績完賽拿下第十六名，這位馬拉松傳奇還繼續參加了一九二四年巴黎奧運會，但這次已經有些年紀的他就沒有能夠跑完全程。

亡羊補牢的瑞典奧運會聯繫金栗四三，提供了完成那次比賽的機會，當時七十六歲的他欣然接受，並於一九六七年三月二十一日，把五十五年前沒跑完里程做個終結。

當事人金栗四三怎麼看？他說這真是一條長路，這期間我已經有五個孫子了。

打開手機就會想起的維京王·藍牙

許多行動裝置內建的注音輸入法中，會打出「藍芽」這兩個字，很多打著這個功能的設備，卻沿用著錯誤的翻譯，其實正確中譯應該是此「牙」而非此「芽」，這個是為了紀念讓基督教在斯堪地那維亞半島上傳播的維京王「藍牙·哈拉爾」，這個外號來自他那顆看來怵目驚心的巨型蛀牙，而現在藍牙科技的符號，就是來自這位國王的盧恩字母組合，因為他一統了受到宗教戰爭和領土爭議而分裂的挪威和丹麥，因此藍牙技術的研發小組以其名號，期許這個技術能整合各大資通品牌，打造一個沒有品牌界限的電器烏托邦（？）

這項在一九九四年由瑞典易利信工程師開發的技術，可以透過無線傳輸在手機之間傳遞訊息，不受操作系統及手機製造商的限制，即便是誓不兩立的安卓系統與蘋果陣營也可以相互交流。誠如當年藍牙·哈拉爾在十世紀時做到的，他可是跨越了種族、國界、甚至是信仰的限制打下了江山，讓奉奧丁與索爾的多神信仰異教徒能逐漸接受單一神祇的基督教文化。

藍牙的遺澤延續今日也還是四處可見，北歐第一面國旗來自丹麥，又稱為丹尼布洛（丹麥語：Dannebrog，意思為丹麥人的旗或紅色的旗，也是現今所使用最古老的國旗）也影響了鄰近的國家，由於北歐各國皇族多少都是藍牙所建立丹麥王國的後裔與遠親，國旗上的十字也成為北歐諸國最經典的共同象徵，之後瑞典、挪威、芬蘭、冰島都跟隨使用此元素於其旗幟上，挪威多了些創意，他們是首個使用三色搭配十字圖案的組合，雖各有其歷史和意義，然而大體上都是跟隨曾統一北歐的丹麥王國，其十字圖案的排列組合而成。

挪威的首任國王叫做金髮．哈拉爾，之後在藍牙．哈拉爾扶持下，其庶出的後代灰袍．哈拉爾二世篡位成為國王，然後實際已經掌握王權的藍牙．哈拉爾又將灰袍．哈拉爾二世這位魁儡拐到丹麥殺害，這時藍牙的勢力已經遍及北海周邊，他兒子八字鬍．斯文更是打拚有成，藍牙的孫子斯文森．哈拉爾二世更當上了丹麥國王，另一個不受寵的孫子克努特則去統治英國。

金髮．哈拉爾一開始，是為了贏取哈拉爾夫人的芳心而四處征戰而建立功業，看似純情的他，登基成為挪威國王後性情驟變，這位四處留情的開國君主，據說有兩百多名哈拉爾太太，挪威不知道有多少小哈拉爾都自稱是這個老哈拉爾的後代，而哈拉爾留下的挪威王座經過幾度的殺戮，先在灰袍．哈拉爾與藍牙．哈拉爾之間轉手，之後又由另一個曾在拜占廷王國效力過的無情者．哈拉爾登基，所以簡單說挪威的歷史就是由哈拉爾創業傳給後代，但在不相關的哈拉爾的策動下翻盤，一開始還是傳到非嫡系的孫子哈拉爾，之後這個正宗的哈拉爾又被非正統哈拉爾奪權，還好最後還是回到算牽得上親戚關係的哈拉爾手中。

「雖不中亦不遠矣」，就是這個意思吧。

愛因斯坦得諾貝爾獎不是因為相對論？

愛因斯坦有一次在巴黎大學演講時說：「如果我的相對論被證實了，德國會宣布我是德國人，法國會稱我是世界公民。但是如果我的理論被證明是錯的，那麼法國會強調我是德國人，而德國會說我是猶太人。」

在一九〇五年的〈物理年鑑〉論文中，愛因斯坦首度提及「$E=mc^2$」的方程式，不過該篇論文並沒有詳盡的解釋。確切內容是：「若一個物體，以輻射形式發射能量L，它的質量減少L/c^2，這個情況下輻射的是動能，而質量就是指質量發功前後的差異，也就是今天我們根據情況稱之為靜能量或者不變質量。這是在發射能量前後的質量差，它等於L/c^2，而不是物體的整個質量。」（有看懂嗎？）在那時，它僅僅是還未被實驗證明的理論。在「狹義相對論」裡雖表明了能量和質量有比例關係，但很多人並不確切的知道這個公式的真實含義，不過它無疑已成為人類歷史上最有名的公式，並成為許多梗圖的靈感來源。

有學說指出這個公式，直接影響了原子彈的設計和製造，但事實上質能轉換公式，對於原子理論和原子彈的設計和製造，並無任何的直接或間接促進作用，而僅僅是後人用來解釋原子彈原理的工具。

「It's all Greek to me.」這句含希臘的俚語，就是表示不知道那在說什麼鬼的意思，這個倒不是在戰國家與民族，而是指希臘文的艱澀難懂，基本上我懷疑在超過一世紀前推導出這個公式的愛因斯坦，根本不是地球人。

你知道嗎？愛因斯坦在一九二一年獲頒諾貝爾物理獎並不是因為相對論，那個理論其實尚無法全數被證明，可是他老人家的地位實在是崇高到不肯定不行，最後只有用他解釋「光電效應」的表現來頒獎，因此愛因斯坦的國籍目前仍屬未定論。

「徐娘半老」的本尊 徐昭佩

梁朝年間的蕭繹，是梁武帝蕭衍的第七個兒子，自幼就很有文采，他在兵法、音樂、醫學及曆法等方面的造詣頗深，據說圍棋還有九段的功力，甚至還是個懂得相馬的伯樂，這位因排行一開始根本就與皇位無緣的蕭家人，是靠自己打天下的，王位是祖先創業有成的沒錯，然而蕭繹是靠平定侯景之亂並屠殺手足才登基，不過他這番努力，卻還是比不上其正妻徐昭佩的名留千古。

徐昭佩是梁元帝蕭繹還未稱王前就娶的正妻，蕭繹自幼就因病瞎了一隻眼睛，她對這位當時不受重視的皇子也沒什麼敬意，據說徐昭佩每次聽說蕭繹要來她這過夜，就故意只化黑白郎君式的半面妝，用以諷刺夫君的瞎眼。這個典故被唐代李商隱寫下「只得徐妃半面妝」的千古絕唱，後來更衍生成謎語中「徐妃格」的語源，指那種兩個字以上，同旁部首的詞，而提示只給了一半的謎題。

這位嗜酒的正室，閨中寂寞經常喝個爛醉，因此也發生過失態嘔吐在蕭繹衣服上的意外。徐昭佩本身也相當善妒，喜不喜歡蕭繹是一回事，得知有懷孕的姬妾便手刃之，見到不受寵的妾，就一起把酒言歡，互相感嘆遇人不淑。

中年後的徐昭佩胃口跟行徑越來越大膽，最早是與荊州後堂瑤光寺的智遠道人通姦，而當時有位叫賀徽的美男子也受到王妃的青垂，主動出擊的她，這次一樣相約在宗教場所的普賢尼寺成其好事，兩人甚至在枕頭上題詩相互贈答。

徐昭佩後來又勾搭上蕭繹身邊的親信暨季江，當時有人問這個小鮮肉的感想，暨季江感嘆：「柏直狗雖老猶能獵，蕭溧陽馬雖老猶駿，徐娘雖老猶尚多情」，就此成為「徐娘半老」的典故。

這些皇家祕辛理論上不應該鬧得全民皆知，那是因為後來豁出去的蕭繹，將皇后的淫穢行為書寫公諸於世，他在自己的著作《金樓子》裡大膽公開元配當年的人盡可夫，蕭繹回憶起當年迎娶徐昭佩時突然天地變色，她抵達夫家時又發生西州焦雷轟頂，甚至把柱子都磨碎，這些不祥之兆最後都應驗，才讓這位不守婦道的王后，也因此流芳百世（？）

連日本人都祭祀的鄭成功

在臺灣締造最多傳說的人物，首推有開臺聖王之稱的鄭成功，其實他來臺灣不到半年後就過世了，然而國姓爺的傳說仍遍布全臺，像是士林的劍潭就傳說鄭成功丟了一支「劍」去鎮壓「潭」裡的鯉魚精，所以後代的鄭姓宗親就在這捐地蓋廟紀念，其實這個地名是因為位於圓山的基隆河部分曲流如潭水般深邃，早年有一段長約一．二公里的舊河道，似長劍筆直指向深潭而得名。的確鄉野傳奇經常會硬跟歷史人物扯上關係，但這次被提到主角可能根本沒有來過此地，畢竟日本人在劍潭這邊蓋了圓山神社（現今的圓山飯店）祈福時，壓根沒想到將這位有一半日本血統的神社請來供奉，應該就足以說明。

鄭成功在臺灣的時間雖然很短，然鄭氏王朝算是落地經營有成，後來入主的日本政府，也藉由這項深植人心的民間信仰與臺灣鄉親搏感情，日本人設在臺灣的第一座神社就是延平郡王祠，神社例祭為鄭成功的誕辰一月十六日，正殿上方則掛有首任臺灣總督樺山資紀親筆「力挽迴瀾」的匾額，後來臺南縣知事磯貝靜藏也上書時任的總督桂太郎，考量國姓爺母親田川氏，是日本九州肥前國平戶藩川內浦人的淵源，建議以這對母子的忠烈鴻業與節義事蹟擴大紀念，先將延平郡王祠改為國幣大社，之後在日本內閣同意下再改為開山神社，正殿當然保留給延平郡王，而成功之母（不是失敗）田川氏供奉於後殿，根據日治昭和九年（一九三四年）增田福太郎《臺灣的宗教》一書統計，當時在臺灣祀奉鄭成功的廟宇就有四十八座，且遍布北中南，甚至連日本人接收後幾乎不太涉足的臺灣東部都有祭祀。

是說這位跟荷蘭人打過仗的明朝郡王，至少是在這裡過世的，康熙在征服臺灣後，將鄭氏後代以及大部分宗族的人遷往北京並編入正黃旗，雖然連墓都遷回中國了，但至少鄭成功是有經營過臺灣的。

鄭氏水軍在永曆十五年（一六六一年）農曆八月中旬，跟荷蘭於臺江內海展開海戰，等到荷蘭人投降入主府城時，已經是隔年一六六二年的二月九日。鄭成功在同年的六月十六日，因為兒子鄭經跟乳母不倫引起家變而病逝，不過四個月就能足跡遍布臺灣，還到處留下事蹟傳世，我猜國姓爺應該是被累出病來的吧。

你知道嗎？為鼓勵中華文化復興，七〇年代臺灣有不少跟中國的文化大革命打對臺的活動，以廣建祭祀中國神祉的廟宇來加強歷史與文化上的連結。是說一九七八年開工的鄭成功廟還跟臺灣有點淵源，同期像顏氏宗親會在一九七〇年代末，於臺北市松山區為顏回的顏子廟募款，孟氏宗親會也在該年代，計畫在內湖區金龍禪寺附近蓋孟子廟，這些就勉強了些。後來似乎只有內湖的郭子儀廟，在郭家子孫努力下香火鼎盛，然而這位郭姓老祖宗根本沒有來過內湖，應該是很肯定的。

發現新大陸的第一人不是哥倫布？

一四九二年十月十二日的凌晨兩點，一艘在大西洋航行已經五週未靠岸的卡拉維爾帆船上，水手終於在一望無際的海面上看到了陸地，這是現今巴哈馬群島中一個名叫瓜納哈尼的小島。在該船船長品松確認後，隨即鳴炮通知艦隊的領隊哥倫布，這位始終相信海的另一端就是亞洲的領隊，終於以行動證實了地球是圓的，不必經過當時被穆斯林把持的國度，反其道而行一樣可以到達他心目中的目的地，但當時哥倫布堅信自己到達的是日本外圍的群島（也有說法是到達中國或印度的外圍），也仍堅持他遇到的在地人絕對是印度人（也因此出現印地安人這個怪異的稱呼），就是因為他老人家拒絕承認自己到達的新天地其實根本不是亞洲，也許這就是何以美洲大陸不是以哥倫布的名字「克里斯多福」來稱呼，而是以晚些到達的探險家「亞美利哥・威士普希」（Amerigo Vespucci）來命名。

然而將十月十二日以「哥倫布日」名義慶祝的習俗，倒是在新大陸上發揚光大，這是由美國於一七九二年首先發起的活動，當時正是哥倫布發現美洲三百週年的紀念日，以淡化英法殖民者對美國的支配，及建立新國家的國家認同為目的，後來這個想法蔓延傳遍整個美洲大陸，現在不論北美還是南美，包含加勒比海地區的國家，都會在這天舉行紀念活動。

一九三四年，在義裔美國人、天主教會及哥倫布騎士團（這個紀念義大利人哥倫布的社團，卻是愛爾蘭人所創立）的奔走下，時任美國總統的羅斯福簽署行政命令，並經國會立法，正式把十月十二日列為哥倫布日（後來改為每年十月第二個星期一），並定為美國聯邦法定假日，大多數的州都會舉辦活動以示紀念。的確哥倫布當年面對未知的勇氣，改變了歐洲的命運，然對美洲的原住民卻是不折不扣的侵略，像是阿拉斯加州、夏威夷州及本土的俄勒岡州就不跟進慶祝，近年美洲的一些傾左派的區域也改稱為原住民日，美國政府亦逐步減少的相關的活動。

你知道嗎？當年那位看到陸地的水手，他的名字有流傳下來，他叫做特里阿納，不過身為領隊的哥倫布返回西班牙後，堅持說自己早就先看到陸地上的火光了，所以他才是第一個發現新大陸的歐洲人。其實爭這先後實在沒意義，維京探險家艾利克森比哥倫布早五百年就抵達美洲，不過他是因為從挪威返回格陵蘭時迷途，誤打誤撞漂流到加拿大紐芬蘭島附近，不是刻意發現的。

斧頭幫幫主王亞樵是暗殺大王

透過電影《功夫》的上映，斧頭幫意外成為華文世界中知名的黑社會組織之一，這個真實存在的幫會成立於一九二一年，名號據說是因為以前港口都用麻繩固定船隻及貨物，幫會成員隨身帶斧頭以便隨時可以砍繩（或砍人）做事（或防身）。斧頭幫的幫主叫做王亞樵，這個男人在民初年間可是被稱作暗殺大王，他初試啼聲之作就是在一九二三年刺殺了淞滬上海警察廳

廳長徐國梁，之後就是拿錢辦事專司此業，然而雖然擁有暗殺大王的響亮名號，其實王亞樵的表現是有些掉漆的，由他老兄所主持暗殺宋子文、汪精衛及蔣介石等大咖的工作全都失敗不說，自己後來也在一九三六年的九月二十日，在國民黨另請高明下買單，當時情報頭子戴笠以其熟識的女子來計誘，不知有詐而翩然前來的暗殺大王最後遭埋伏身亡。

唯一值得安慰的是，王亞樵至少不是被自己揚名立萬的斧頭砍死的。

曾與王亞樵合謀刺殺蔣介石的華克之，這位後來擔任中華人民共和國內務部副部長是這樣評價老搭檔的，他說：「王亞樵既未通讀馬克思列寧主義，也不相信神與國家。有平等思想，同情勞動人民，否認一切權威。為了救人一難，不惜傾家蕩產，萬金一擲；聽人家幾句恭維，也可拔刀相助，不計後果。」這活靈活現地描述了民國暗殺王的性格，然後華克之再補充，恭維（？）王亞樵是一個精神曠達，亂七八糟的好漢。

這番看似無厘頭的評論其實褒貶難分，然而用來形容這位斧頭幫主卻可能是最中肯的墓誌銘，擔綱周星馳電影中的反派形象，可說是天作之合。

看風向高手「雲裡金剛」宋萬

《水滸傳》是章回小說，故事軸線拉長了各個角色，難免發展出自己的個性而脫離作者原先的設定，或者說創作者也不見得有這麼大的野心，可能就是靈感走到哪裡就怎麼發展，甚至因為截稿壓力就隨便交代，導致故事開始階段的要角，到後來可能變成襯托的配角，甚至淪為湊人數的龍套。

原著中梁山泊在草創期的四位頭領是王倫、杜遷、宋萬及朱貴四位，王倫這個階段性頭頭的存在，用來突顯山寨的傳統與文化，心胸狹窄的他先是排擠林沖，之後又推託不讓晁蓋一夥入草，最後這個妒才的頭目在奪權的過程中被殺掉，不要說上位天罡星三十六星，連下位地煞星七十二星都沒有他老兄的分。

晁蓋當上新梁山泊的大頭領時，原要前朝遺老（毒？）的宋萬坐第六位，江湖人稱「雲裡金剛」的他是懂得看風向的典範，自己知所進退選擇讓位坐上第十把交椅。王倫已經死了，尚還存活的三尊創黨元老就留下來當攏絡人心的樣板，價值在證明新政權是不記前嫌，不過遠離權力核心是一定的，重組後第一代梁山泊的勢力排名就由杜遷、宋萬加上朱貴這三個難兄難弟敬陪末座。

之後山寨的勢力擴張，廣納百川的梁山泊歷經了多次的重組與勢力鬥爭，這個墊底三人組就在集團中不斷向下探底，有時施耐庵老兄想到就替他們安排一些無關痛癢的工作，宋萬之後參與的戰役和行動都以配角身分登場，多半就是名字在篇幅中掃到，其中代表作應該是和杜遷、王英及鄭天壽捉良民上山幫助宋江脫罪，及向新頭子示忠。最後一百零八條好漢的排名定案時，梁山泊也不太看重先來後到的輩分，宋萬這位草創期時代的三巨頭掉到八十二順位，在出征潤州城一役被箭射死，是一百零八條好漢中第一批戰死者。

可能是寫到後來作者對這幾個很早登場的角色（在小說中第十一回就出現）有了些憐憫，最後在欽定的一百零八好漢排名中替他們做了些平反，畢竟人多總有機會找更無足輕重的傢伙來墊底，因此這三尊創寨元老中唯一不是戰死沙場的朱貴，最終還管了十六人（排名九十二），杜遷則奮力爬上朱貴前面，足足領先了九個順位，坐上了第八十三當家的位置，而當年最早買單的宋萬，則以一位之差輾過老戰友杜遷，作為梁山泊排名八十二位的重量級（？）人物，含淚加冕力壓最早一起打天下的兄弟（雖然只剩兩個），仍是晚景最風光的一位。

葉格，和那些比聲音還快的男人們

葉格是人類史上第一個突破音障的先驅，這位二次世界大戰的空戰英雄在退役後，因家庭因素選擇了離家近的俄亥俄州萊特機場，他在那擔任陸軍航空團飛行測試中心戰鬥機測試組之助理維修長，由於高超的飛行技術被長官賞識，葉格很快就成為美國最早一批進入噴射時代的軍方試飛員，並有機會駕駛那臺飛得比當時任何飛機都快的實驗機「貝爾X-1」，總計為軍方效力了一〇一三一．六小時的飛行時數，駕駛過的飛機種類多達一百八十種，質與量都讓等閒的軍事飛行員望塵莫及。

葉格在一九四七年十月十四日駕駛操作「貝爾X-1」時，發現小幅度調整尾翼角度能有效控制機身動態，所以他大膽將引擎火力全開衝刺，當時速度到達〇．九八馬赫（一馬赫就是音速）時，機上的儀表突然亂跳失去作用，而地面中心隨即指稱聽到遠方傳來雷聲一般的巨響，這就是人類首度（有爭議）突破音障瞬間產生的音爆，突破音障後機身的劇烈搖晃反而消失無蹤，進入超音速的飛行比人類想像地平順許多，葉格讓「貝爾X-1」的引擎持續加速了二〇秒，到達一．〇六馬赫的速度後，才關掉推進回到次音速的世界，在萊特兄弟成功地克服地心引力飛離地面的四十五年後，這個「聲未到，人已達」迅雷不急掩耳的狀況才終於成真。

雖然葉格是官方認定第一個實際突破音障的人類，但在航空史上曾有兩個比較出名的案例挑戰這個地位。一個是二次世界大戰期間德國空軍的飛行員穆克，他在發生於一九四五年四月九日的一場空戰中，為救援遭美國空軍追擊的僚機，而讓其所駕駛的「Messerschmitt Me 262」噴射戰鬥機全速垂直俯衝，在過程中他遭遇到嚴重的高速亂流包圍，並且失去戰機的控制能力，在事後發現機上有許多固定螺絲的零件因為這現象而鬆脫受損。穆克並不理解當時遇到的現象，但當聽說葉格的經驗後，想起自己遇到的可能是超音速時發生的特殊亂流現象，他出面聲稱自己才是超音速的第一人，但沒有人証。

另一個威脅到葉格地位的是同為美國空軍試飛員威爾屈，他們都是美國二戰時代的空戰英雄，一九四七年時威爾屈擔任北美航空的試飛員，一樣是在加州的愛德華空軍基地，負責擔任新型噴射戰鬥機「F-86」的開發試飛工作。由於當時「貝爾X-1」的計畫花費了許多預算，被軍方視為是重點指標，內定作為突破音障的首選，因此其他被當作備案的計畫，都被勒令不得從事超音速飛行的嘗試。

但是一九四七年十月一日，在葉格締造歷史的兩週前，威爾屈駕駛了一架「XF－86」預產實驗機，不顧上級禁令的他，從三萬五千呎的高空中以幾近垂直的方式俯衝，確實遭遇到超音速時的亂流，並且製造出連基地的地面人員都能聽到的音爆。

由於威爾屈的超音速嘗試違反了美國空軍的指令，因此這項成就不僅沒在當時被拿來誇耀，反而是遭到軍方以機密的理由給封鎖，雖然目前已經解密公開，美國空軍仍不承認威爾屈是第一個打破音障的人。原來《捍衛戰士》不是亂演的，軍方真的會打壓勇於嘗試（想出頭？）的英雄。

被演藝事業耽誤的理工女凱斯勒

一九四二年八月十一日，凱斯勒與安賽爾從美國專利局獲得了名為祕密通信系統的專利，由於母親是布達佩斯的鋼琴家，凱斯勒自幼就對這項樂器很熟悉，而專利共同擁有者的安賽爾本身也是個鋼琴家，這兩人發現改變鋼琴按鍵能改變聲音，那麼改變無線電信號頻率同樣能改變信號，如果不停隨機地改變信號頻率，被干擾影響就會減少，當在魚雷的接收器和艦船的發射器內安裝上相同編碼的滾筒，讓兩者同時運轉時來調整頻率，就可以完成這種跳頻擴頻。這個技術後來被稱作「展頻技術」，最初的開發目的是在提升魚雷的精準度，避免被相同頻率的信號干擾從而使魚雷偏離目標，由於那時候還沒有電晶體以及積體電路的實作，這些防干擾設計要全數塞入魚雷中很困難，因而沒有繼續深耕，然而擴頻技術在後代被應用到眾多無線電通信技術中，例如CDMA（Code Division Multiple Acces，分碼多工存取）、WLAN（Wireless LAN，無線區域網路）、Wi-Fi與藍牙都是奠基於展頻技術而來。

終其一生，這對走在時代前端的科學家搭檔，從未因這專利獲得任何一分錢，因為她們沒有開發相關的商業用途，而是直接交給了政府，而且還需要自費為此擔負相關的專利維護費。這項專利發明了五十六載後的一九九七年，這兩人的成就才終於獲得電子前線基金會榮譽技術獎章的肯定，身為古早年代罕見的知性女發明家凱斯勒，也因而獲得藍牙之母的封號。

怎麼這麼了不起的理工女似乎沒有多少人聽過？因為凱斯勒的另一個稱號更廣為人知，藝名海蒂．拉瑪的她，是美國戰前最重要的幾位女星之一。是的，真的就是有人這麼得天獨厚。

海蒂．拉瑪在好萊塢拍片前就已經名滿歐陸了，她曾於一九三三年上映的捷克電影中《Ecstasy》大展曼妙的身材，這位據稱在世界最早的裸體電影中犧牲色相的女星，演藝事業開始的很早，也很成功，在影壇最大的遺憾應該是拒絕了一九四二年的《北非諜影》以及一九四四年的《煤氣燈下》，只能心酸地見證接替演出的英格麗褒曼因為這兩片的如日中天，不過真要說的話，海蒂．拉瑪當年將專利編號為「2,292,387」的展頻技術無償捐給國家使用，那才是真的賠慘了。

人美命不美的艾娃·嘉德納

在影壇活耀將近半個世紀的葛雷葛萊·畢克算是看遍群芳，說艾娃·嘉德納是他所見過最美的女人，同樣見過眾豔的米高梅電影公司老闆梅耶的看法也差不多，他在試鏡過嘉德納後，說此姝既不會唱又不會演，說話也不太流暢，但就是美得不能錯過，不簽下真是愧對祖宗。

擁有這樣的美貌，嘉德納是個隨時都能吸引異性的放電體，米高梅當家臺柱魯尼就被這位當時還在跑龍套的女星弄得意亂情迷，魯尼雖然不是影迷刻板印象中的俊男，不過打從童星時代就開始累積影迷的他，可是當紅的影壇頭牌，拜倒石榴裙下的魯尼執意要跟小兩歲的嘉德納結婚，擔心影響票房的老闆只好安排這對年輕小鴛鴦，去加州一個叫巴勒的小鎮舉行低調婚禮，不過消息最終還是走漏引發媒體追逐，只是這段雙方認識五個月就步向禮堂的銀色婚姻，撐不到一年後就落幕，太太指控先生不但好賭而且常態性不忠，女方在飽受精神虐待及心靈痛苦下，不願意再

與男方繼續生活。花心的魯尼自由後繼續個人的羅曼史，他到死前共結過八次婚。學到教訓的嘉德納決定不想再找同為影星的伴侶，梅開二度嫁給才氣洋溢的搖擺爵士大師亞提．蕭。但這次又是所託非人，短過一年的婚齡甚至比前一段還快結束，嘉德納只能怪自己視人不清，一生桃花不斷的蕭先生，也一樣結過八次婚，前妻還包含赫赫有名的女星拉娜．透納，做為第六任妻子的嘉德納不知道是哪裡來的自信，覺得自己會有不同的命運。

嘉德納第三任夫婿則是迷倒眾生的歌王法蘭克．辛納屈，這次倒是撐過五年，把嘉德納前兩次婚姻加起來乘以二還有找，但花名在外的辛納屈也是慣性地四處招蜂引蝶，這位擁有魅力嗓音與純熟唱技的歌王異性緣絕佳，他雖然不會像前兩任那麼主動出擊，但被動的來者不拒也高明不到哪去，嘉德納自承這個一生娶過四個老婆的辛納屈，是自己這輩子的最愛，不過感情這種事啊，兩人世界裡就是沒有多人同行的空間。

雖然在影史上有備受崇敬的地位，嘉德納的電影在臺灣的知名度相較為低，大概只有在一九六三年美國歷史戰爭片《北京五十五日》中的表現較為人所知，這部敘述因義和團勢力導致各國公使被囚禁在北京的影片，實際在西班牙拍攝，因為片中需要很多的東方面孔，所以拍攝團隊把該國中式餐廳的員工都找來湊數，導致西班牙境內好一陣子吃不到中國菜。

諾頓一世，美國空前絕後的皇帝？

美國是世界上第一個完整共和政體下的總統制國家，華盛頓是該國史上唯一全票當選的總統，他在全球最早的兩次總統選舉中，均攬獲所有選舉人的票，這種目前只會在北韓金氏王朝出現的零反對成績，應該後無來者，畢竟在民主時代的不同政策與觀點，乃至是國家未來的願景與走向，要凝聚擁有自由意志的選民的共識並不容易，當年華盛頓終究處於君權到民權過度時期，又有獨立戰爭的光環加持，然而這位美國首任總統的萬民擁戴，並未涵蓋到未開化的西部（東部人的觀點），反而是在十九世紀末期，加州出現一位號稱美利堅合眾國皇帝的諾頓一世，這個是虛銜還是具有實際統治不好界定，因為舊金山地區的公民，基本上是承認而尊重諾頓一世的封號與地位，也真的以皇帝確實存在的模式，來與總統分庭抗禮各自表述。

這位本名諾頓的人物，崛起於加州的淘金潮，因為靠著這群湧入的居民所帶來的商機，經商致富的他被朋友們戲稱為皇帝，可惜後來還是因幾次失敗的投資而破產跑路。一八五九年夏天，東山再起的諾頓回到了舊金山，他在九月十七日以書面方式向《舊金山呼聲報》發送一紙詔書，宣稱自己在美國絕大多數公民的強烈要求下登基為皇帝，並命令責成美國各州的議員，在隔年的二月到皇帝御前修改憲法，並自封為「美利堅合眾國皇帝諾頓一世」。覺得很有新聞性的報社第二天就以「有一名皇帝在我們之間？」為題刊在頭版，舊金山人一覺醒來發現自己成了皇民，樂天而逆來順受的他們紛紛向新皇帝行禮致敬。

儘管諾頓一世的皇家御命，不太出得了皇城舊金山，但美國聯邦政府對這個身分是予以承認的，一八七〇年美國進行全國人口普查，在聯邦機構的紀錄中，諾頓一世的職業就是皇帝，而他在這裡也真的橫者走，自家發行的皇家鈔票被商店及銀行接受，據說信譽直比美元。

諾頓一世可以在舊金山最好的餐館免費用餐，這些餐館也以掛上「美國皇帝指定」的招牌創造雙贏，甚至歌劇院在前排保留了三個座位，供他和兩頭皇家愛犬就座，只有務實的中國人拒絕提供免費的洗衣服務，畢竟洗滌皇袍風險很高，當時又沒有合理的洗壞賠償條款。

諾頓一世在位期間對外交也很積極，他與夏威夷國王卡美哈梅哈五世保持通信聯絡，雙方相互承認，並認可對方為彼此境內唯一合法統治者。除此之外，諾頓也曾於一八七七年在住所會見巴西皇帝佩德羅二世，甚至向英國女王發信要求締結婚姻，但未被回覆，想來是英國還無法從美國獨立的憤恨中走出之故。

諾頓一世曾下旨要求建造連接奧克蘭和舊金山的吊橋，他對緩慢的進度相當憤怒還發表詔書抨擊，痛定思痛的舊金山子民，終於在一九三三至一九三六年間完成橫跨舊金山灣的「舊金山——奧克蘭海灣大橋」，皇家怒火還是很有用的，可惜半世紀前就駕崩的他老人家是看不到了。

美國皇帝的故事，被引用在由蓋曼所著漫畫《睡魔》的〈三個九月和一個一月〉之中。在書中諾頓是由主角「夢境」給了他一個夢想，因而獲得拯救。只是看不出必要性，因為諾頓根本不需要神諭，在他自己的夢想中就能悠遊自在了，不是嗎？

曼德維爾「創造」出的旅遊暢銷書

曼德維爾爵士一般認為是《曼德維爾遊記》的作者，這本書在中世紀是《聖經》之外最暢銷的幾本書之一，當年當然沒有可信的銷售統計或排名，然而它目前在各大保留古抄本的圖書館中還有三百本左右的庫存，不但涵蓋歐洲主要語言的譯本，連閱讀觸及率相較為低的丹麥、荷蘭和愛爾蘭文的版本都有，比同樣題材的《馬可波羅遊記》多了三倍以上就可見一斑。

這本書在當時實在太出名了，當中世紀的歐洲人提到遊記時，十之八九都是指以曼德維爾為名所留下的這本，書中記述了作者在東方數十年的旅程紀錄，而且異於馬可波羅獨尊中國的經驗，這本晚了半世紀的著作，還包括中國以外的中東、印度、爪哇島，甚至遠達蘇門答臘島等地，在這些半幻想、半虛構的異國風情之外，遊記能夠如此受歡迎還是因為作者深諳讀者的期望，他以超越時代科幻小說的筆法投其所好所致，在當時歐洲被穆斯林和異教徒壟斷東進的絕望歲月中給了讀者希望，曼德維爾用大量篇幅描述遠在印度的一個基督教國家，該國統治者祭司王約翰是東方三博士的後裔，王國富庶得難以想像。他麾下有七個忠心耿耿的國王、七十二位公爵及三百六十位伯爵，都是毫無保留地為基督奉獻，他們每次出征都會帶著三個巨大的實心黃金十字架，各有一萬名重裝甲騎兵與十萬步兵捍衛，這隻忠誠基督精兵曾經大破異教徒軍隊，若不是底格里斯河結冰無法渡過，就會直驅並收復聖地耶路撒冷，甚至傳說祭司王約翰本身就是當年耶穌的使徒，祂老人家就是擁有不老不死之身約翰本人。

關於這部最早以法文撰寫的遊記，其實不只內容有些光怪陸離，作者自稱的經歷其實也很不可信。曼德維爾在書中自稱是一位英格蘭的騎士，他從聖奧爾本斯出發，途經君士坦丁堡，接著走入聖地耶路撒冷及耶穌出生的迦勒底，足跡還包含非洲的基督教國家伊索比亞，與神話中的亞馬遜（不是南美洲那片同名的雨林），最後抵達印度洋群島和中國，歷經了三十四年才返回故鄉。這樣的情節橋段是套用當時盛行的騎士文學公式，而書中所有遇上的試煉到化險為夷的經歷，都與基督教神蹟和教義牽連的典型公式，如果多看看幾本同期的創作（真的只能稱為創作），就知道整本遊記幾乎都是從其他暢銷書抄過來的大雜燴，之後才會出現調侃作者最遠的旅途只是去了離自家最近的圖書館之酸性反應。然而話說回來，撇去通篇絕大多數的亞洲見聞，像是長了狗頭的女性、睪丸垂到膝蓋的男子，以及生孩子供自己食用的野蠻人等怪談不說，拿掉祭司王約翰文學創作的章節不予討論，再忽略操弄信仰想要多賣幾本的不良初衷，到底作者還是參考（或抄襲）了中世紀所有東方紀行堪稱權威的重要著作，詳實記錄下當時歐洲人對東方的認知。

雖然書的內容現在看來類荒謬，然該書還是因為極高的流傳性留下影響力，當時歐洲公推最聰明的達文西，就是這部遊記的忠實讀者，而探險家哥倫布也自承受到本書的啟發，這位曼德維爾的信徒就是看了這本書才堅信地球為圓的，往東往西最後都可以走到同一個地方，也不能說沒有重大貢獻。

官場上的「東方不敗」馮道

五代十國是中國歷史上政權更換最凶、官員汰換最快的朝代，在擁兵自重的軍人隨時可以逼宮，連帝王都難逃更迭頻繁的命運之下，為官者隨時處在朝不保夕中。

一名叫做馮道的官員，卻能縱橫官場四十載，且擔任宰相級的國之三公二十餘年始終屹立不倒，由後唐莊宗開始，他一路歷事五朝（後唐、後晉、大遼、後漢及後周）、八姓（後唐有三個不同宗的家族、後晉石氏、遼國耶律氏、後漢劉氏、後周郭威及其養子柴榮）共十一個皇帝，活到七十三歲壽終正寢，堪稱官場上的東方不敗。

雖然年過而立之年後就一直身處高位，很懂得持盈保泰的馮道，鮮少過問財政和軍事決策，是否為了避免觸怒當權者不敢斷言，然忠於儒家思想的他，認為只要維持上古聖人流傳下來的傳統，所有國家大事都可以迎刃而解，馮道曾著有一篇

〈長樂老自敘〉傳世，文中高調地將歷代當過的官職一一羅列，想來這讓許多想當官又覺得懷才不遇的文人很不是滋味，他在同代還獲得很多的認同（還是羨慕？）自北宋起忠臣不事二主的觀念開始變成主流，對馮道迎合不同老闆的職場求生技能評價急轉而下，像歐陽脩就直指馮道是五代時道德淪亡的表徵，其可謂「無廉恥者矣」的行為是導致天下大亂的罪人，司馬光也在編撰的《資治通鑑》中毫不留情地批評，他說不論馮道做過多少好事都等於沒有做，因為那只是苟活於世的生存之道，根本就是奸臣中的奸臣。

這樣的評語是否公允見仁見智，不過有些偏頗的史書記載沒有把故事說完全就不厚道了，其實馮道從政的資歷算起來應該是五十二年，前面還有一段艱辛打拚被刻意淡化，他在唐朝（並非後來做到厚祿高官的後唐）末年的天祐年間，就曾任盧龍節度使劉守光的參軍，當時還未參悟政壇厚黑學的馮道，極力勸諭打算率軍征討定州的老闆，結果這位惹怒了劉守光的低階幕僚為此入獄還差點喪命，後來逃到太原投靠另主的他，再被推薦給建立後唐的晉王李存勗，馮道的仕途才算苦盡甘來步上康莊大道，經歷過之前那段差點連命都丟掉的少不更事，學到教訓的他會改走安全路線的仕途，實在情有可原。

不信問問蘇東坡，那句看似豁達的「惟願孩兒愚且魯，無災無難到公卿」的感嘆，其實是多麼痛的體悟。

你知道嗎？東漢中期有個叫做胡廣的大臣，他老人家歷仕六朝（從劉祜、劉保、劉炳、劉纘、劉志、劉宏，其實中間還有一個劉懿，不過不算是官方承認的皇帝故計六個）五落五起，擔任過四公（東漢時以太尉、司徒、司空為三公，再加上皇帝的輔佐官太傅）中的每一個官職，每次下臺在家賦閒的時間都不超過一年，就被請出來復行視事，因為胡廣擔任過這些重要的官職，因此對法令極為熟稔，對官場風向的拿捏在當代更是無人能出其右，是以出現這句「萬事不明問胡廣，四平八穩有胡公」的諺語，差別在於胡廣都是侍奉同一個劉姓家族，沒被史書拿出來鞭，才得以流傳百世。

小野田寬郎，那個最後投降的男人

日本最後一個投降的軍人是小野田寬郎，投降時間是一九七四年三月九日。你或許會疑惑，日本不是一九四五年八月十五日就投降了嗎？怎麼會有一個這麼累格的士兵？

小野田寬郎在日本太平洋局勢已經岌岌可危的一九四四年十一月，被派遣到盧邦島，他與三名同僚奉命躲入叢林中進行游擊戰。當時的師團長命令小野田，率領部屬在島上展開游擊作戰並指示：「玉碎（自殺）是沒有用的，我們先暫時撤退，你們躲進山林裡進行游擊戰，三五年之後等我們回來，你一定要堅持下去。若剩下一個人的話，哪怕只吃椰子也要抵抗，絕對不能玉碎，知道嗎？」

一九四五年二月二十八日美軍登陸，日軍大部分不是戰死便是投降。認真的小野田與伍長島田莊一、上等兵小塚金七、一等兵赤津勇一逃入叢林持續抵抗。同年的八月十五日日本正式投降後，美軍指派日本投降的軍人赴太平洋各島逐一勸降，並空投大量的傳單，但小野田認定這是美軍的計謀絲毫不為所動。每天清晨他跟三名同僚都會爬上山頭對著東邊的旭日敬禮。期間不斷地移動位置，並靠偷取居民的蔬果及家禽來充飢。因為槍聲會暴露位置，這頑抗四人組也無法一次偷取太多的食物，所以還會把菲律賓的名產香蕉晒乾，當乾糧以補充熱量。雨季來臨時，這四名英勇的帝國皇軍會用身體護住步槍、地雷及炸藥，彼此提醒保持清醒，以免在睡覺時因體溫過低而死亡。在如此惡劣的環境之下，仍沒有違背長官交付的任務：「展開騷擾游擊戰，直到日軍回來」。

一九五〇年，最早受不了而脫隊的赤津向菲律賓警察投降，這三個奮戰到底的士兵身分才得以被掌握，投降後赤津也加入了勸降的行列，然小野田等人依舊不為所動，依然每天早上爬上山頭向東邊行禮並等待援軍的到來，菲律賓政府持續地將這三人的親人家書、日本當時的報紙散播在叢林中勸降。然而小野田仍堅信這是美軍的計謀，因為他堅信如果日本真的投降，那長官谷口一定會親口告訴他。

一九五四年，島田在與菲律賓警方的衝突中陣亡，小野田這時也確實閱讀了勸降用的傳單、報紙與家書，但他仍不動搖地活在自己的認知中，日本本土雖遭美軍占領，但仍有日軍在滿洲頑抗。小野田將韓戰解讀為滿洲日軍的反攻，附近美軍空軍基地頻繁起降的飛機，則解讀是日軍重返南太平洋之故。同時他透過勸降用的報紙了解日本戰後現代化的現況，反而讓這位軍人覺得日本根本富強到不可能戰敗。

小野田用偷來的收音機收聽日本的賽馬比賽，與最後的戰友小塚猜勝負作為消遣，生活並不如一般想像中的與世隔絕。

一九七二年十月，菲律賓警察得到盧邦島鄉民的線報，發現了日本軍人的蹤跡，圍捕過程雙方爆發槍戰，小塚身中兩槍當場斃命，小野田則逃回叢林。那時日本已經投降二十七年了，兩年後小野田在叢林中遇到專門來尋人的日籍探險家鈴木紀夫，才確認戰爭真的已經結束了，但這位堅守崗位的軍人，堅持必須有谷口義美少佐的命令才願意投降，同時要親自將二十餘年來保存良好的軍刀交給天皇。鈴木回國後，也真的找到了已經改名並成了書商的長官。一九七四年三月九日，小野田接到了親臨戰場（？）谷口所交付的投降命令，已經高齡五十二歲的小野田身著破爛的軍服，由叢林裡走出來以陸軍少尉的身分，奉上級的命令投降。

在二十九年的游擊戰中，這四位軍人一共造成了一百三十名以上的菲律賓人死傷，除了少數是軍人警察外，以平民為大宗，菲律賓人普遍認為小野田應該被制裁。經日本政府的斡旋，才獲得赦免得以返回日本。這位軍人回國後，拒絕接受日本政府給予他的一百萬日圓補償金，並將這筆款項捐給了靖國神社，小野田也婉拒了天皇召見，理由是他不希望發生陛下道歉的畫面，即使這可能性再低也不行。

對小野田來說，世界停在一九四四年，縱使外界不斷改變，他對戰後的日本社會始終不能適應。小野田後來移民至巴西，有感於時下日本年輕人好勇鬥狠，他還以「為祖國培養出健全的日本國民」為號召，創立小野田自然塾，指導青少年野外求生的技巧。直到二〇一四年一月十六日，才以九十一歲的高齡於東京醫院過世。

一生受軍國主義教育的小野田，晚年還是經常參加右翼組織舉辦的愛國主義活動。每每聽見日本軍歌時，他依然會激動地直流眼淚。被媒體問到如何看待上百名傷亡的無辜農民時，小野田堅決地認為身處戰爭，他不必為這些平民的死亡負責，服從命令是軍人天職，在不違反國際法的狀況下，自己是沒有責任的，不過這位時代悲劇人物還是捐了一萬美金給盧邦島的學校當獎學金，為島上近三十年的戰爭延長賽做出救贖。

醫學界的「小李飛刀」李斯頓

蘇格蘭的羅伯．李斯頓，在外科手術上有著跨時代的地位。在麻醉藥還沒有發明、普及的十九世紀初，為了確定病患可以完成手術並存活下來，速度「快」是手術的必備條件之一，愛丁堡醫學院畢業的李斯頓，就是此絕技的箇中翹楚。

他曾經執行一次大腿截肢手術，完成了皮肉切割的部分後，隨即把手術刀叼在嘴上，順手拿起骨鋸把腿鋸斷，加上縫補傷口，兩分半鐘就完成。

另外，他也曾經四分鐘割除四十五磅的腫瘤，其他如手指腳趾等小手術，他最高紀錄二十八秒就可以完成任務。快刀的技術為他贏得「西區第一快刀」的稱號，但要是我翻譯，會直接叫他「小李飛刀」。

一八四七年，以手術快速出名的李斯頓，在一場混亂的截肢手術中，不小心把助理的手指也一起切掉了。現場的觀察員因為混亂中被手術刀劃破外套，當場因過度驚嚇而死亡，該病患及助理在幾日後也因敗血症死亡，創下了史上最高的手術死亡率三〇〇%。

這次的事件，首先要知道當時還沒有麻醉藥喔，病患本身就會害怕地動來動去，當場還有一堆觀察員在礙手礙腳。所以一個本來稀鬆平常的開刀表演，變成了創造歷史的大事件。

小李飛刀終其一生的手術死亡率，其實只有一〇%。李斯頓在生涯晚期，執行了史上首樁使用麻醉藥的外科手術，有了麻醉藥的加持，加上本身非凡的開刀技術，他那場截肢手術只花了二十五秒。

「洛基」威帕納，擊倒拳王阿里的平民

一九七五年五月二十四日在俄亥俄州的瑞齊非市，舉行了一場不太受矚目的拳賽，由二十世紀最偉大的拳王阿里擔綱沒錯，然而對手是位默默無名的業餘拳擊手威帕納，這位本行是烈酒零售店店員的兼職拳手，並沒有完整的專業訓練，憑藉天分與熱情，這項兼差所達到個人的最高成就，是曾拿下紐澤西州的冠軍。阿里陣營會同意這樣的對手，目的當然就是安排輕鬆打的比賽，讓長年征戰的身體有喘息與休養的機會，以迎接之後，像是佛雷賽跟福爾曼這些年輕後輩的無情挑戰。

出乎意料地，名不見經傳的威帕納，竟然跟偉大的阿里纏鬥了十五回合，中間甚至還一度擊倒現役拳王，他在第九回合擊倒阿里，而威帕納做到這個幾乎是不可能的任務後，喜孜孜地跟場邊的經紀人說準備去銀行領錢了，因為這樣的意外戰果要讓他們發了。但經紀人警告威帕納小心一點，因為根本沒想過自己會被這種小咖擊倒的阿里看起來氣炸了，果然之後這位尋求衛冕的拳王，幾乎是毫不留情地火力全開，但打死不退的威帕納也都撐了下來，到最終回合剩十五秒時才倒地，裁判數到七時就判定技術擊倒，雖然還是以落敗作收，但威帕納這位拳擊素人堅持到底的精神，仍得到全場的喝采與肯定。

據稱當年看完整場比賽的影星史特龍，對此非常感動，兩週後他致電威帕納談到會將這個故事拍成電影，並以僅僅三天半的時間完成了劇本，這個就是一九七六年奧斯卡的最佳影片《洛基》，這部史上最勵志落水狗電影的起點。

當時這個熱血劇本在電影圈相當炙手可熱，電影公司開出七萬五美金的誠意價收購，在談判中甚至被炒作到三十六萬美元的天價。電影公司還開出由勞勃．瑞福或艾爾．帕西諾等紅星主演的保證，然而還在靠色情電影演出與擔任私人保鑣餬口的史特龍，堅持由自己擔任主角。最後雖然原創的要求得到同意，但電影公司開出了相當嚴苛的條件，最後電影的預算為一百萬美元（約等同於當時一集電視影集的製作費），劇本則以兩萬美元的血汗價成交，電影本身只用二十八天拍攝就殺青，然而上映後在口耳相傳的評價發酵下，意外有相當傑出票房收入，還成為當年奧斯卡三項大獎的贏家。

在這場沒有輸家的大圓滿中，威帕納也跟著雨露均霑，他憑著史特龍那通電話中的真心告白提出告訴，最後兩造以不公開的金額和解，推測比從比賽中拿到的獎金還多。

黑色瑪莉，美國西部時代的傳奇女鏢師

美國西部時代除了鐵路之外，內陸通往西岸的貨運路線，稱之為星條大道。當時每趟送貨服務，都是公開招標給願意送貨的賞金郵差們，類似中國古代的鏢師。這招標模式，之後才被政府收回給郵局發包，確保每單都是最低價標。

瑪莉．菲爾茲，外號「黑色瑪麗」，是美國第一位黑人女郵差（鏢師），六呎高、脾氣火爆、長槍隨身不離手。

她一八三二年生於田納西州，一八六五年除去奴隸身分後，做過女傭、保母、洗衣工，之後在聖安東尼奧法官擔任管家。法官老婆病逝後，法官將她和五個小孩送去和妹妹阿瑪迪斯修女一起生活。

阿瑪迪斯修女後來被派往喀斯喀特以西的聖彼得教堂，為美國原住民女孩建立一所學校。瑪莉在那裡什麼男人的工作都做，而且行為舉止豪氣萬千，態度完全跟白人無異，在當地被稱之為「白烏鴉」。

瑪莉粗爆的個性和講髒話的習性，多少讓教會不舒服，在多次被投訴下，和一位男雇員發生槍戰，因而被校長開除。

之後她在喀斯喀特開了餐館，因為個性超級海派，不論客人付不付得起都來者不拒，所以只開了十個月就倒閉。

一八八五年，在修女的協助下，帶著六匹馬和一匹名為「摩西」的騾子，在蒙大拿惡劣天氣和岩石地形下，開始了賞金郵差的旅程，因為勤勞不管晴天下雪都使命必達，像是雪下太大，馬無法行走，她會自己背著麻袋送件，從未延遲過一天，因而也獲得了「驛馬車」這個稱號。

有傳言她曾擊退了一群凶狠的野狼，也曾經單槍匹馬和五名搶匪槍戰並死裡逃生。因為比男人還強悍的作風，所有想要打劫運送郵件的搶匪，聽到她的名號都聞風喪膽。

因為她的盡忠職守，廣受喀斯喀特當地人的尊敬，蒙大拿州有禁止婦女進入酒吧沙龍的法律，她獲得了豁免權。一九〇三年七十一歲退休後，除了當保母，並在自家經營洗衣店。

一九一四年過世，她的喪禮則是該鎮有史以來規模最盛大的一次。

丹齊格那個「比平常難了一點」的作業

一九三九年，美國數學家喬治．丹齊格有一次上課遲到了。進教室後看到黑板上有兩道題目，他以為是回家的作業，只好趕快抄下題目帶回家，解完之後把答案交給當時的教授。

只是這兩題是當時無解的統計學題目，這解答則成為日後他拿到博士的基礎。

這是喬治的第二個博士學位，他在一九三六年已經拿到了物理學博士學位。喬治把題目抄回家後，覺得這些問題「比平常難了一點」。被解出的一題，馬上被指導教授在當時的數學期刊發表。第二題的解答當時沒有被公開驗證，但是日後的學者亞伯拉罕．瓦爾德解開後，發現早就被喬治解開了，隨即把喬治列為他著作的合著者。

這個傳說，有另一個說法：當時黑板上其實有四個無解的題目。喬治交作業時告訴教授：「您上次出的題目太難了，我只能解出兩題。」

喬治・丹齊格在一九四七年提出了單純形法，被稱為線性規畫之父。第二次世界大戰中斷了丹齊格的柏克萊研究，他被指派去美國空軍總部，擔任統計控制的戰鬥分析處主任，處理供應鏈的補給和管理成千上百的人員和物資。工作給了他真實世界的問題，答案正好是線性規畫可以解決。

他除了以線性規畫和單純形法聞名之外，還推進很多領域的發展，包括分解論、靈敏度分析、互補主元法、大系統最優化、非線性規畫和不確定規畫。

超性格海盜班傑明的養成故事

一七一七年，英國海盜班傑明．霍尼戈爾德發動了一次搶劫。目標不是為了黃金、寶藏或是人質，而是打劫船員的帽子。因為班傑明的船員日前喝的太醉，不小心把帽子都丟進了海裡。把帽子搶光之後，這群海盜就拍拍屁股走人，沒有船員受傷，只留下了滿腦子的「花惹發」。知名的傑克船長可以讓一讓了，這段故事拍成電影我一定會去看。

他的海盜生涯從一七一五年開始，直到一七一八年結束。之後他成為了一名海盜獵人，受巴哈馬總督之命開始追捕以前的同伴。一七一九年颶風季期間，他的坐艦不幸觸礁失事，本人也因此而喪命。

他第一次有紀錄的海盜行為，發生在一七一三到一七一四年間的冬季。當時他派遣一艘單桅縱帆船（其實就是小帆船的意思）和幾條獨木舟，在巴哈馬海域打劫來往的商船。

到了一七一七年，班傑明的帆船升級成一艘裝備有三十門火炮的單桅縱帆船，並將其命名為「流浪者號」。可能是當時在那一帶活動的船隻中，武器裝備最為齊全的一艘船，這艘船讓班傑明能夠在襲擊其他船隻的同時，將自己的損失降到最小。

在這段時期，班傑明的副手是愛德華．蒂奇，日後亦當上了海盜，外號「黑鬍子」，他讓愛德華指揮他之前的舊船。一七一七年春季，這兩名海盜連續襲擊了載有一百二十桶麵粉、烈酒、白葡萄酒的三艘商船。

被打劫的乘客，往往把班傑明描述為一名紳士而不是罪犯。例如本篇第一段的乘客回憶：「他們沒有傷害我們，只是把我們的帽子拿走了。他們說這是因為前一天晚上喝太醉，把自己的帽子都丟海裡去了。」

雖然班傑明在海上擁有強悍的實力，但是他卻很小心地避開懸掛著英國國旗的船隻，這顯然是為自己留的後路，為了可以辯護說，自己只是針對英國在西班牙王位繼承戰爭中的那些敵國船隻。但這種心態跟做法引起了手下的不滿，在一七一七年十一月，船員們發起了公投，決定以後將會襲擊任何國家的船隻。班傑明表達不滿，船員們便將他罷免了。

班傑明則在新普羅維登斯，和他剩下的一艘小帆船以及其船員一起苦苦掙扎，繼續以拿騷為根據地打劫船隻。他的海盜活動一直持續到一七一七年十二月，直到他得知國王宣布將給與所有海盜特赦為止。

於是在一七一八年一月，班傑明便前往牙買加請求特赦，巴哈馬新總督伍茲．羅傑斯同意了，但要求他出發追捕其他的海盜，包括他的前任副手蒂奇。之後班傑明的船駛遍了整個巴哈馬群島，追捕了查爾斯．范恩、斯蒂德．邦尼特以及棉布．傑克等幾名海盜。

一七一八年十二月，羅傑斯總督寫信給倫敦的貿易委員會，對班傑明的表現給與肯定和讚揚。羅傑斯認為他追捕自己以前海盜同伴的行為，能夠彌補他海盜生涯累積起來的壞名聲。

一七一九年，班傑明的船在新普羅維登斯與墨西哥之間的海域附近遇上了風暴，撞上了附近的暗礁，而船隻失事的具體位置至今仍然不明，結束了他短短卻傳奇的海盜人生。

搶下美國移民史頭香的安・摩爾

二〇一八年二月，美國公民與移民服務局修改了他們的《使命宣言》，移除了美國是一個移民國家的字眼。「移民國家」這個名稱來自時任美國聯邦參議員，後來成為美國總統的甘迺迪於一九五八年發表的同名著作。打從美國誕生以來，移民一直是他們成長與進步的動能，這個以殖民地建國的國度，除了美國原住民外，所有成員都是移民和移民的後代，時至今日美國仍擁有全世界最多的移民人數。

進入美國的管道很多，合法的與非法的都有，而入境美國的紀錄自然也有官方與非官方的，依據可信的資料顯示，第一位從紐約港通過移民海關站的合法移民，叫做安・摩爾。這位時年十七歲的少女是愛爾蘭人，她在一八九二年搭乘內華達號蒸汽船從家鄉出發，帶著兩個弟弟抵達新大陸並搶到頭香，成為美國正式有海關之後第一個進來的移民，美國還因此給了她十美金留作紀念。

身為追求美國夢的里程碑，這位闖蕩天涯的勇敢先鋒還有銅像傳世，同宗的愛爾蘭雕刻家萊茵．哈特，為安．摩爾設立了兩座雕像，一個在她出發的家鄉科夫，另一個就在她首抵美國時踏足的艾利斯島，這裡在一八九二年一月一日到一九五四年十一月十二日期間，是移民管理局的所在地，來自歐洲的移民都在這踏上美國的土地，進行身體檢查和接受移民官的詢問。

那時在艾利斯島附近，自由島上的自由女神像就已經落成了，許多從紐約港進入美國的移民，都將這個地標視其為歡迎的信號，她張開溫暖的雙臂，為所有來到美國的異鄉人，提供機會證明自己的價值，成就事業、成就自我。

那位搶下歷史性頭香的安．摩爾，想必也是懷抱者這樣的憧憬。

「真．蘇聯隊長」齊娜伊達．波特諾娃

在深入蘇俄領土，被白雪覆蓋的農莊，一群身穿軍服的男人們正慢慢地靠近穀倉，這是一九四一年，齊娜伊達．波特諾娃故事的開端。這些穿著軍服男人的目的，是為了奪取農莊的牛隻。當時的德國部長赫伯特．布萊克心中的如意算盤，就是強奪糧食讓俄國鬧饑荒，並順便提供德軍飽餐一頓，而這一策略正開始奏效。

齊娜伊達當時只是來這個農莊探望她的外祖母，如果納粹士兵們沒收了家畜，外祖母便將一無所有。年邁的外祖母以她那年紀所能擠出來的最大力量反抗，但根本不堪一擊。德國士兵一個揮手即將她打倒，並牽走了她所有的家畜。

這就是十五歲的波特諾娃，之後所有行動的動力。她加入了「少年復仇者」，一個白俄羅斯反抗軍中，由未成年小朋友組成的支派。起初，她只在被占領的白俄羅斯發放蘇維埃的宣傳單張，並回報德國士兵的行蹤，但很快地，她就開始涉足武器的買賣。她在戰場上的表現令人印象深刻，被認為適合接受基本武器和爆破的訓練。波特諾娃很快地就將新技能上手，對被德軍占領的電廠和磚廠，發動游擊戰。

當時德軍在奧多爾有個營地，裡面有許多強迫當地居民照顧的納粹士兵，這是少年復仇者的目標之一。他們需要一個能在內部臥底的人，而波特諾娃潛入駐軍廚房成為助手，她可以在該營地最關鍵的核心：軍糧儲備區、廚房等地來去自如。一九四三年的八月，許多德軍開始因食物中毒而病倒，有些甚至死亡。

廚房的員工立即成為嫌犯，但波特諾娃因為在德軍面前吃下了一碟，確實被她下過毒的食物而隨即被釋放，但很快地毒素開始有反應，在趕去外祖母家的路上，她感到腹痛、發燒和冷顫。在快不行之際抵達外祖母家，以大量的乳清來中和毒素。

但她已經不能回到營地，她的缺席引起德國人的懷疑並開始展開通緝。波特諾又轉回地下活動，也曾在戰場上擔任反抗軍的斥候。她在家書中說跟爸媽提到：「我正在踢納粹的屁股。」

隔年一月，她被組織分派到奧多爾出任務，認出她的當地警察將她逮捕並交給德軍。

她很清楚自己的命運，唯一能做的就是反抗。士兵推著她走向審訊室，每走一步就離死亡更近一步。當門打開，她看到桌上放著一把手槍。幾秒鐘內，槍已經在她的手中了，她當場就射殺了該名士兵，隨即展開生命中最後的逃脫行動。

據說她是在庭院裡被抓的，也有人說她逃進了森林，在那裡的河畔被捕。無論哪裡，波特諾娃最終都被帶到了戈里亞尼，那裡她遭到了殘酷的毆打和折磨。不清楚她是否有對德軍揭露組織的資訊或情報，但當這位少女從審訊室出來時，她已經失明。他們將她傷痕累累的身體丟上卡車，並載到了森林裡。

一九四四年一月十五日，距她十八歲生日僅有一個月的波特諾娃被槍決。

至今波特諾娃在俄國仍是一位備受讚揚的人物，一九五八年，國家公開宣布她為蘇聯英雄，授予列寧動章。到現在仍有很多俄國運動校隊，尤其是女子運動常常以她來命名，在明斯克和奧多爾兩地則設有紀念碑。

這故事若拍成電影《真．蘇聯隊長》我一定會去看，大家覺得誰適合演呢？

腦殼有洞，與子彈共存一輩子的米勒

美國內戰期間，米勒效力於印第安那州的部隊，隸屬於北軍的陣營，在獲得英勇勳章的四個月後，他於一八六三年在奇卡莫加戰役中，被南軍開槍擊中額頭，所幸沒有穿過顱骨，這位英勇的聯邦士兵，就與這個敵方無償贈送的紀念品廝守終生，之後又活了五十四年之久，才蒙主寵召。

其實這樣說也不太精準，早年的軍用品製程不嚴謹，所以當年打進米勒額頭的子彈，遇上堅硬的頭骨時就已經損壞分裂，苦主本人是這樣說的：「在我受傷的十七年後，從傷口中掉出了一片鉛彈碎片，三十一年後，又掉出了兩片鉛塊。」

諷刺的是，這個來自敵方的子彈，某種程度拯救了米勒的性命，奇卡莫加戰役是美國南北戰爭中的重要戰役，發生於一八六三年九月十九日至二十日間，是聯邦在西部戰區最重要的勝利，然而代價是慘烈的，這兩天內陣亡的人數在南北戰爭中居於第二位（三萬四千人），僅次於最血腥的蓋茲斯堡戰役（五萬一千人），在戰鬥中衝鋒陷陣的米勒被子彈擊中頭部，他因為不想淪為敵軍的戰俘而奮力逃離戰線，因為滿臉都是鮮血，而沒被敵軍發現這位中彈的士兵是北佬，甚至連北方自己陣營的長官，都沒認出他是自己人。

跟這個子彈共生共存共榮這麼久的感受是什麼？米勒說自己後來終其一生，都因從頭殼有洞而痛苦不已，但他沒什麼好抱怨的，善待退伍老兵的美國政府，持續給付每月四十美元的傷殘津貼，直到他離世為止。

最賣命的「絕命」律師
范倫汀漢

克萊門．范倫汀漢是美國內戰時期的政治家、知名的辯護律師。他在一八七一年擔任一宗謀殺案被告的辯護律師，為了排除陪審團員的合理懷疑，死而後已的范倫汀漢「搏命演出」，真的就是字面上的表述，完全沒有誇大。

為了證明自己的當事人是無罪的，他老人家可是使盡渾身解數來抗辯，這位敬業的律師，大膽假設指稱案件中的死者是死於意外，係由跪姿起身時，不慎觸發自己口袋中槍枝走火而導致悲劇，並非被指控殺人的被告開槍所犯下罪刑。為了取信有裁決權的審判者，范倫汀漢親身上陣，進行模擬來小心求證，他按照自己的推測情況逐步示範，不過放在口袋中的手槍卻忘記卸下子彈，導致起身時范倫汀漢被走火的子彈打中腹部而導致重傷，而這位盡責的律師，在第二天就死於腹膜炎。

這官司也因此而打贏了，陪審團看完這等捨身取義的無私示範後，完全認同范倫汀漢的論點，被告當庭被無罪釋放。

「最好找索爾」是同名影集（臺譯《絕命律師》）中，索爾・德曼律師事務所的廣告標語，簡單來說，就是有麻煩就找索爾就可以脫身。我認為改成「最好找克萊門」（范倫汀漢的名字）應該更可靠，古德曼是很有一套也很夠意思，但沒可能像范倫汀漢這麼拚，我要是陪審團，我也信了。

政治風水輪流轉，第一位被罷免的市長吉爾

一九一一年二月七日，海勒姆・吉爾成為美國史上第一位被罷免的市長（或官員）。主張開放賭場及妓院專區管理的西雅圖市長吉爾，早已被保守派反對，加上他讓因貪汙被開除的查爾斯・華倫斯坦回任警察局長，華倫斯坦隨即動用警方資源，跟五百名性工作者，收取每月十美元的「管理費」。

後來吉爾因為租用城市用地，給有力人士經營大型五百間房的妓院十五年，終於被相關福利團體提出罷免案並通過。

那次的罷免案，借助當地初次開放婦女投票的大力幫忙，登記投票的兩萬三千名婦女中，有兩萬名婦女贊成罷免吉爾。

西雅圖，在當時是個因淘金潮消退而沒落的城市，因此吉爾才會有賭場、妓院這種超級開放的主張。不過三年後，吉爾以保守派代言人的身分捲土重來，主題圍繞在經濟及犯罪議題，贏回了市長寶座。而且信守承諾任用選舉對手為警察局長，嚴打犯罪，因此也在一九一六年連任成功。政治嘛，不就這樣回事？

你可能會問：「怎麼一九一四和一九一六年都有選舉？」這是因為一九一二年吉爾就有捲土重來選過西雅圖市長，但是輸給了當時的對手喬治・F・科特里爾，因為喬治的勞工關係沒有處理好，發生了抗議、暴動事件，才讓吉爾有機會在一九一四年浴火重生。

默劇大師馬歇．馬叟，真實無聲的救援

馬歇．馬叟，對於二戰後的世界來說，是個知名的默劇（啞劇）大師，以他創造的默劇白臉小丑角色「畢普先生」，為全球帶來歡樂。進而成為大家只要一想到默劇，就會想到白色妝底、條紋套頭衫、有花的絲綢歌劇帽，默默地在舞臺表演出滑稽情節的角色刻版印象，這都是從馬歇．馬叟而來。

但是，在二戰前的馬歇，是一個更偉大的存在。

馬歇．馬叟生於法國斯特拉斯堡的一個猶太家庭，成長正逢二戰期間，十七歲的他，因為法國被入侵，逃到了法國中南部的利摩日。馬歇也在堂兄喬治．盧安熱的鼓勵之下，加入了法國猶太人抵抗組織，在大屠殺期間拯救猶太人。

這組織由九個祕密的猶太團體組成，在法國戰爭期間拯救了數千名猶太兒童和成人。而馬叟兄弟倆在法國猶太人抵抗運動的框架內，營救出了無數兒童，並在巴黎解放後加入了法國軍隊。由於馬叟精通英語、法語和德語，他曾擔任喬治．巴頓將軍第三軍的聯絡官。

他們的經常性任務是疏散躲在法國孤兒院的猶太兒童，並將他們帶到瑞士邊境，在那裡偷偷地運送到其他安全的地方。但與一大群孩子一起移動絕非易事，馬歇有個秘密武器：默劇訓練。

馬歇回憶五歲的時候，母親帶他去看了查理．卓別林的電影，馬上讓他著迷，並從此立志成為一名默劇演員。他的堂哥也回憶道：「孩子們喜歡馬歇，和他在一起很有安全感，馬歇在那個孤兒院發揮了演技長才，讓孩子們覺得好像只是跟他去瑞士邊境附近度假，感到很安心。」

他的演出讓孩子們在逃跑時保持安靜，馬歇抵抗運動戰友之一的兒子，在被採訪時這樣形容：「這與演藝事業無關，他在為自己的生命進行演出。」

馬歇還有很多鬼點子，例如在將兒童偷運過邊境時，一名抵抗組織戰士發現納粹分子從不搜查上面有蛋黃醬的三明治，因為油性的調味品可能會弄髒他們的制服，因此他把孩子們的身分證，都藏在塗有蛋黃醬的三明治裡。

他也想出偽造身份證件上照片、配合化妝讓猶太人更容易逃走，現代手機的濾鏡功能，根本晚了他超過半世紀。根據統計，馬叟至少拯救了七十名兒童。

甚至直到戰爭快結束時，這位演員還完成了一項超凡的任務：對他來說一樣是偷渡猶太小朋友的日常，但他這次偽裝成童子軍的領袖，帶著二十四位同樣穿著童子軍制服的猶太孩子，穿過森林到達邊境，交給瑞士的接應者。回程時意外地遇到一群德國軍人，由於當時戰爭已接近尾聲，馬歇直接假裝自己是法國軍官，要求他們投降，而且做到了，默劇演員馬叟成功招降三十名德國軍人。

戰後他改了名字，正式成為默劇演員，並很快就一舉成名，成為世界上最著名的默劇藝術家。人們常常能在他的角色「畢普先生」中看見悲傷，這和大屠殺期間他個人的經歷有關，一九四四年，馬歇的父親被送進奧斯維辛集中營，不幸地沒能活下來。

「我為父親哭泣，」馬歇在二〇〇二年回憶道：「但我也為數百萬死去的人哭泣……是命運讓我活了下來。這就是為什麼，我必須給世界上掙扎的人們帶來希望。」

鐵達尼號出身的「船」奇人物
查爾斯

查爾斯．萊托勒是鐵達尼號的副官，在沉船之際安排乘客上逃生艇之後，被沉船引發的強大水流，困在通風管道的格柵上等死。沒想到因為海水接觸高熱鍋爐時引發爆炸，他被噴到逃生艇邊，成為鐵達尼號沉沒事件中，最高級別生還的船員。

二戰時，六十六歲的查爾斯接受「發電機行動」的徵招，帶著長子、開著他的日落號小艇，成功躲過德國戰鬥機及轟炸機的追擊，從法國敦克爾克海灘撤回了過一百二十名英國士兵。是的，電影《敦克爾克大行動》之中道森先生的故事線，就是根據查爾斯的故事改編。

退役後，一生與船有關的查爾斯也不時接受海軍的委託，跟太太假裝旅遊，繼續開著他們的日落號，去德國海岸線進行「觀察」。

一輩子與船有著深刻連結的查爾斯人生，拍成電影我會去看，什麼？原來我們都已經看過啦。

電影《鐵達尼號》中對著搶逃生艇的大人鳴槍示警的人，據說也是以他為藍圖喔，大家下次可以注意看看。

比爾・奈與杜夫朗格，好萊塢低調的兩位高材生

知名演員、主持人、作家擁有多重身分的比爾・奈，已經是科學節目主持人的他，背景比大家知道的更有來頭。

一九五五年出生，小時候就是個神童，中學就獲得獎學金進入了美國最著名私校之一的西德威爾友誼學校。之後於康乃爾大學修習機械工程，一九七七年分畢業後任職波音公司，研發用於波音七四七的液壓共振抑制機械，後來更擔任航空工程的專業諮詢顧問。

現今奈還是常以教授的身分，回到康乃爾做有關初階天文學及人類生態學的演講。一九九九年他曾告訴媒體，每幾年就會向美國國家航空暨太空總署申請擔任太空人的資格，不過每次都被回絕就是了。

本文另一個主角，反差更大。一九五七出生於瑞典的杜夫朗格，大家印象最深的大概就是席維斯・史特龍的拳賽死敵，及日後《浴血任務》系列的打仔隊友。父親是個的語言學家、工程師及經濟學家，但是有家暴傾向，因此杜夫從小就對能保護自己的拳擊及空手道都很有興趣。

在這種環境長大的杜夫，曾申請到華盛頓州大就讀化學工程。在回國當兵後，就在瑞典皇家理工大學，把化工學士學位修完。同時以空手道四處征戰，拿下一九八〇和一九八一年兩屆的歐洲空手道大賽冠軍，並在一九八二年拿下澳洲重量級的冠軍，然後在雪梨順便把化工碩士學位也拿了下來了。

甚至他還申請到麻省理工學院一項由美國政府推動資助的國際教育、文化和研究交流「傅爾布萊特計畫」的入學資格。那是當時世界上規模最大、聲譽最高的國際交流計畫，透過五十所負責機構，在一百五十五個國家和地區運作。

截至二〇一九年此計畫已誕生了六十位諾貝爾獎得主、八十九位普立茲獎得主、七十五位麥克阿瑟獎得主和三十九名前任或現任政府的領導者。

當時準備去波士頓入學的杜夫，因為高大的身材、在澳洲打工做過保鑣的資歷及戰績輝煌的空手道成績，在紐約被知名藝人葛蕾絲·瓊斯任用為貼身保鑣。原本只想讀讀ＭＩＴ順便打工的杜夫，跟葛蕾絲·瓊斯熱戀後決定棄學，在紐約定居，之後很快的就在電影圈，打出一片天。

虜獲人心「北韓豔諜」金賢姬的告白

一九八七年十一月二十九日，來自北韓的金賢姬和搭檔金勝一（真名李時雨），於伊拉克巴格達登上大韓航空前往漢城（今首爾）的八五八號航機，他們在安裝炸彈後，於阿布達比轉機時下機，客機飛至緬甸上空爆炸，機上一百一十五人全部罹難。

事發當下這對搭檔已逃往巴林，在圍捕過程中，金勝一咬破藏在香菸中的氰化鉀膠囊自殺，而被逮捕而無法一死殉國的金賢姬，則引渡到南韓受審。

金賢姬在整個受審過程中都裝傻，堅稱自己是日本人，也全程使用日語。這位就讀於平壤外國語大學日本語系的特務，本身就很熟悉這個語言，執行任務前，還曾跟被綁架到北韓的日本婦人田口八重子同住二十個月，以熟悉日本人的言行舉止。不過當審訊人員問及住在日本時用的是什麼牌子的電視機時，金賢姬脫口說了一個北韓獨有的品牌「金達萊」（顯然沒有外銷日本）而被識破真實身分，被攻破

心防後全盤供出的她，在一九九〇年三月二十七日被南韓法院判處死刑，不過由當時總統盧泰愚進行特赦，未後天加工的金賢姬天生就長得美豔，審訊過程中那楚楚可憐懺悔的模樣，更是融化了許多鐵石心腸的人。

縱然一百一十五條人命，是無法被原諒的罪刑，然而自幼就接受北韓的間諜訓練的她，真的是身不由己奉命行事而已，後來媒體對這位，廣義來說也算是受害者的立場軟化不少，之後也習慣稱她為「北韓豔諜」，而不言其名。

「脫北者」本來專指從北韓脫逃到南韓的人，這名稱始於九〇年代後期，該國飢荒後出現的叛逃潮，現在則泛指所有透過非正常管道離開北韓的人。

金賢姬這位早期知名的脫北者，曾向美國廣播公司表示：「我所做的事就該被判處死刑，但是之所以逃過一死，我想因為我是北韓所犯下恐怖罪行的唯一見證人。而為事實做證，成為我的命運。」

第二章

那些
很有事的
文化

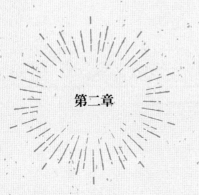

沒有盡頭的國際圓周率日

每年的三月十四日是國際圓周率日，這並沒有什麼神祕的緣由與典故，單純就是源自常用圓周率近似值的數字密碼，講究一點的，會在當日下午一點五十九分開始慶祝，以象徵圓周率的六位近似值「3.14159」。在這個神聖的日子裡，懂得領略「π值」之美的菁英會聚在一起禮讚，享用「派」（pie，與π同音）這應景的食物之餘，思考這個數字的意義，並嚴肅探討少了這個符號，人類文明會倒退到何等的原始。

很多震撼的發現就在這樣的腦力激盪下誕生，例如最終極的圓周率日的落點，是在一五九二年三月十四日上午六點五十三分五十八秒，這時間以美式的標記法是「3/14/1592 6:53:58」，剛好對應了圓周率的十二位近似值「3.14159265358」，此類令人振奮的資訊是沒有盡頭的，像是「回歸年」（由地球上觀察太陽再回到黃道上相同的點，所經歷的時間）歷時有31,556,941秒之久，跟π與一千萬的乘積，竟然僅有不到〇．五%的誤差！您怎能不讚嘆數學的神奇？

一年一度的狂歡活動，顯然讓數學狂熱分子感到意猶未盡，所以又將四個多月後的七月二十二日，訂為國際近似圓周率日。一樣不是太具學術性的推理，就是英式日期標示法是「22/7」，當作分數來看，會近似圓周率π值的「3.14159」，至於有多近似，就需要借助日本熱銷的工具書《圓周率1,000,000位數表》來釐清，作者牧野貴樹對圓周率很著迷，於是透過程式計算把數據印製成書，內容是滿滿的情報量，每頁有一萬位數，全書共計一百萬位數，而且定價很也π，僅酌收三一四日圓。

你知道嗎？當年作者牧野貴樹只是秉持對學術的熱忱而自費出版，完全沒預期到巨大的迴響與供不應求的熱銷，一刷再刷，陸續出第「3.14」刷，第「3.141」刷，第「3.1415」刷，目前最新版本，已經來到第「3.141592653589」刷的長紅成績，正所謂吾道不孤，先知不會永遠寂寞的。

讓女王無法遊車河的大惡臭

「大惡臭」是一八五八年七月至八月中旬，在倫敦發生的環境災難，當時還沒有成熟的城市汙水下水道處理概念，居民的大量排泄物和民生廢水未經處理就直接排入泰晤士河，當時倫敦已經是人口密集的大城，又逢夏季日照，持續高溫烘煮之下整條河臭氣熏天。當英國維多利亞女王的泰晤士河一日遊還被迫終止時，民怨達到高峰，皇室成員本來打算乘船在河中徜徉，但氣味實在太恐怖導致行程在短短幾分鐘就收場，苛薄的媒體很快就用「大惡臭」這個響亮的外號來轟炸市民。

一些徒勞無功的自救手段開始出現，包括在河中倒石灰，及掛上浸透漂白劑的窗簾來阻隔的治標措施，最後還是由傑特·巴澤爾出手拯救了倫敦，這位工程師追本溯源地重新規畫這個城市的汙水排放，並以無比的意志力確保每個環節都落實，整個渠務工程動用了三·一八億塊磚頭，以及六十七萬立方米的混凝土和砂漿，總成本約為六百五十萬英鎊，讓泰晤士河風華重現，埋葬那段不願再提的難堪過往。

從結果看是圓滿收場，然而過程可不是這麼風輕雲淡，惡臭縱然難忍，甚至說出「英國能殖民至地球各處，能征服印度，能付清債務，能向世界宣揚榮譽，但偏偏沒辦法把泰晤士河弄乾淨」這種感慨的重話。但漫長的工期與高昂的造價，一樣讓當時的倫敦市民失去耐心，尤其傑特對施工品質與預算一點也不願意妥協，所以精神分裂的新聞界，把這位擇善固執的工程師形容為貪婪的下水道之蛇，難纏的英國媒體就是這樣一邊揮鞭，一邊拿紅蘿蔔獎勵，恩威並施地忠實扮演第四權的監督者，一併印證大不列顛子民的就事論事。

你知道嗎？一八六六年倫敦東區爆發霍亂，造成五千五百九十六人染疫死亡，當時該區雖屬於城市的轄區，但與傑特的汙水下水道並沒有關係，經調查後，發現東倫敦水務公司將汙水排放到水庫下游，但潮汐來時汙水又會回到上游。歷史悠久的醫學期刊《刺胳針 The Lancet》刊登了流行病學家的調查細節，得出供水對流行病產生影響的結論。對症下藥後霍亂就成為歷史，再也沒有在倫敦出現。

舉世聞名的英國研究，當時就已經領先時代在開釋眾生了。

遠超出想像的馬拉松賽跑距離

距斯巴達國王列奧尼達，帶領他的三百壯士死守溫泉關的十年前，希臘與波斯在西元前四九〇年，進行了一場著名的戰役，而決戰地點就在希臘東部的馬拉松平原。最後是由具地主優勢的希臘，獲得壓倒性的勝利，希臘士兵菲迪皮德斯在戰局底定後，由戰場跑回雅典報捷，因為正值戰事進行期間，他都沒有停下腳步，所以到達雅典後就不支倒地死去。

為了紀念英勇的菲迪皮德斯，國際奧總於一八九六年，在希臘首屆奧運復刻了這段歷史舉行馬拉松賽跑，並把男子馬拉松比賽作為收場的壓軸，最後由希臘選手以兩小時五十八分五十秒贏得金牌，保住了地主國的尊嚴，捍衛了祖先的驕傲。

更讓人感動的是，這次參加這場挑戰的參賽選手，都沒有步上前輩的後塵，統統順利活了下來。

剛開始馬拉松賽事的距離，都是隨興制定，前幾屆奧運會的馬拉松比賽長度，大約在四十公里上下，沒有一個精準的距離。

直到一九二一年，馬拉松的長度才被嚴格規定為四十二公里一百九十五公尺，之後一直沿用至今天。

二〇〇四年的夏季奧運會重返發源地希臘舉行，該屆的馬拉松比賽，甚至重新還原了第一屆奧運會的路線，然而這個艱辛的距離並沒展現當年的辛勞，事實上菲迪皮德斯是由馬拉松平原跑回雅典要求增兵，這段距離是約四十二公里沒錯，但這沒有計入之後他又跑了兩百四十六公里到斯巴達求援，以及後來又跑了兩百八十八公里回到馬拉松平原加入戰局的過程，菲迪皮德斯到達時後希臘軍已經勝利，馬不停蹄的他又追加四十二公里報捷的里程，全程超過六百公里。

這個距離不要說是一日雙塔，幾乎可以環島了。

金屋藏嬌背後的姑嫂權力爭奪戰

很多現代人都誤解了「金屋藏嬌」的典故，以為是不安於室的男人，替元配之外的外遇對象找了藏身處，其實最早這是皇室賜給正宮的待遇，背後更是個姑嫂間角力的權力爭奪戰。

漢景帝的兒子劉徹（就是後來的漢武帝），幼時對他的表姊阿嬌一見鍾情，而劉徹的姑姑，也就是阿嬌的生母長公主劉嫖，就戲言問劉徹願不願意娶阿嬌為妻？當時涉世未深的劉徹說：「如果能娶到阿嬌，願蓋金屋以貯之。」這就是「金屋藏嬌」這句話的由來。

劉徹本來是沒機會當皇帝的，姑姑劉嫖本來是想把阿嬌許配給正宮太子劉榮來鞏固勢力，但劉榮的生母栗姬反對，因為栗姬以前就因為劉嫖常幫她弟（時任的漢景帝）找美女，而導致姑嫂間有嫌隙，所以劉嫖就找上了劉徹的生母王夫人，這對透過聯姻而攜手的姑嫂，在漢景帝身旁進讒言，最後栗姬不但被疏遠，最後連兒子劉榮的太子大位都被廢掉，而承諾金屋藏嬌而找到強力盟友的劉徹，得以登上大位。

民間愛用的姑嫂丸（尤其是加味版），是不是也在這段歷史中扮演推手不得而知，然而平日就培養姑嫂情誼絕對沒壞處，因為永遠不知道何時何處，可能會遇上貴人啊。

是說金屋藏嬌的漢武帝日後就幸福美滿了嗎？當然沒有，當上皇帝的劉徹身邊的女人漸漸多了起來，特別有了宮中美人衛子夫，嬌生慣養的阿嬌年華老去又沒有兒子，終於失寵。為了挽回漢武帝，阿嬌用重金請司馬相如當槍手寫了〈長門賦〉，但是漢武帝雖然欣賞這篇賦，身體還是很老實，最後衛子夫取代了阿嬌，成為皇后。

你知道嗎？衛子夫的弟弟很有名，就是征戰匈奴有功的衛青，至於與這位戰將齊名的霍去病則是他的外甥，霍去病的弟弟則是霍光（非同母，霍去病是跟俾女私通所生），霍去病死得早，霍光則在皇帝身邊繼續翻雲覆雨，直到最後被滿門抄斬。

靠左走，是因為騎馬還是配戴武士刀？

不管步行或是開車，甚至軌道車輛的行進方向，在香港一律都是靠左邊走，這跟左派或右派勢力的執政或在野無關，只是沿用英治時代的制度而已。

「左行」這個術語源自於水上航行。十五世紀時，英國的政經中心已經移到泰晤士河畔的倫敦，為避免進出這個城市的水路動脈阻塞，以及減少船隻事故，英國人必須重新規畫河面上的航行秩序，因為泰晤士河從南英格蘭往東注入北海，不同時間的船行進出，都會有向陽或是背光干擾的因素，推測靠左通行的習慣，就是配合管制單向通行時段，所衍生的權宜之計。

一七五六年，英國議會通過《倫敦橋交通法》，要求所有車輛靠左行，在陸地上的行進方向，理論上不應該受水上行進的習慣影響，這個約定俗成是怎麼定案的倒是眾說紛紜，像是英國就有那是因為騎乘馬匹上下時的慣性導致，而日本則是因為武士的刀刃配置在身體左邊（利於右手拔刀），靠左邊走可以減少刀刃的彼此碰撞而避免糾紛的傳說，後來沿用左行制度的香港跟日本，在大眾運輸車站內都曾宣導電扶梯空出左側供乘客行走，不趕時間的人就靠右邊站，是說不趕時間的人在這兩個繁忙的都市應該都很罕見。

臺灣的交通規畫在日治時期定案，然而在戰後受美援規畫而變革，所以在日治時代訂下雛形的臺鐵是比照日系的向左靠，但後來的捷運跟公路卻是美式的靠右走，不過臺灣高鐵卻又因為是用日本的新幹線系統而又跟捷運相反，可是捷運站內大家目前使用電扶梯的習慣卻又回到向香港與日本取經的左行，現在捷運雖已不建議民眾靠右讓出左側的通行走道，這個其實與臺灣長年宣導得靠右邊走是不同的，不過還沒精神錯亂的臺灣人沒在怕。

你知道嗎？英國首相邱吉爾在一九三一年十二月的美國之行中遭遇車禍，意外之所以發生，就是他老人家過馬路時看錯邊啦，一向心不在焉的這位大忙人，一定是忘了美國跟英國的車行進方向不一樣，這一撞就是斷了十五根骨頭的慘痛代價。

「真是棒」詮釋了日不落國的驕傲

詹姆士．龐德是一名由英國作家佛萊明創作的虛構人物，他筆下這位英國情報機構軍情六處的間諜，代號「００７」，擁有可以先斬後奏的殺人執照，會選用這個姓名是因為它非常無趣不容易被記住，作者採用美國鳥類學、加勒比鳥類研究專家的名字，來為書中的這位英雄命名。

電影中風流倜儻的００７，總是穿梭在諸多美豔的龐德女郎之間，替個人的冒險與國家的安危及世界的和平佐以大量的豔遇，這樣夢幻般的際遇，就跟片中最知名的自我介紹詞，所結合而成的知名網路梗一樣，那就是：

「棒、真是棒（Bond、James Bond）。」

在００７系列早年還沒跟資本主義靠攏卯起來做置入性行銷前，這位愛國的情報員都是開著英國製造的「奧斯頓．馬丁ＤＢ５」出生入死，這輛英國名車初次亮相是在《金手指》中，之後在《霹靂彈》《黃金眼》《明日帝國》《皇家夜總會》

《空降危機》及《惡魔四伏》中都曾出現，堪稱其電影中最具代表性的象徵。

這款車組裝需要兩百個人，奧斯頓．馬丁工廠內有部叫詹姆士膠的機器，功能是專門擠膠水來黏合鋁車殼及擋風玻璃，畢竟「Bond」這個字，除了有債券的意思外，本來就有結合及膠結的意思，而且並不僅限於人與人的連結而已，不要被電影情節誤導了。

您知道嗎？歷代007演員包含來自蘇格蘭的史恩．康納萊、一海之隔愛爾蘭的皮爾．布洛斯南，及遠在南半球殖民地澳洲的喬治．拉贊貝，正宗英格蘭出身的羅傑．摩爾與丹尼爾．克雷格，以及你不會相信在威爾斯出生的提摩西．達頓，所有大英國協的成員一個都沒有漏，完美詮釋日不落國的帝國驕傲。

棒、真是棒。

電椅的交直流電大戰

大家都看過愛迪生的勵志故事，雖說這幾年風向有變，這位發明大王的形象，逐漸轉成為了搶奪專利而不擇手段的無良商人，愛迪生本尊的確是對智慧財產權很有堅持，而且商場上本來就充斥許多爾虞我詐的算計，他還是扎扎實實貢獻出許多改變世界的發明，像是電椅就是劃時代的創舉，只是出發點沒那麼崇高，而是為了打擊對手使用交流電（Alternating Current，簡稱ＡＣ）的惡意操作，主張電力傳輸應該用直流電（Direct Current，簡稱ＤＣ）的愛迪生，接連以狗、貓、猴子、大象、馬當測試品，來誇大非我陣營主張交流電的危險性，並宣稱交流電只適於處死待領養場的狗、屠宰場的動物，還有處決死囚。

美國最高法院經過討論，認定這種新的行刑方式，沒有違背美國憲法八項修正案關於禁止「殘酷和非人道處罰」的原則，一八九〇年八月六日，美國執行了歷史上第一例電椅處決，威廉·凱姆勒因以斧頭殺害伴侶被判死刑，他老兄在行刑時還不知死活一派輕鬆，結果這名苦主總共被電了三次，首次的電壓為一千伏特沒能致命，第二次升壓到兩千伏特，雖然肌肉已燒焦但仍然活著，直到第三次幾乎被燒成了炭才真的一命嗚呼，經過這個人體實驗，世人得知原來電擊致死的關鍵在電流大小（超過十安培會致命），而非電壓的高低。

雖然交流電在處決犯人上的功效差強人意，不過由於具有遠距離傳輸不會明顯衰減的特性，愛迪生還是在這場電流大戰中敗下陣，他老人家過世得早無從翻盤，直流電的簇擁者，也只能靠聽澳洲搖滾團體「ＡＣ／ＤＣ」所唱最應景的歌曲來療傷了，建議聽該團的〈通往地獄的公路（Highway to Hell）〉及〈整夜被你震撼（You Shook Me All Night Long）〉來彰顯心情，這支以電力傳輸模式來命名的樂團，總能以高分貝的音符與狂熱的能量為聆聽者帶來觸電般的悸動，被電到不要不要的歌迷，根本分不出是交流電還是直流電的作用。

你知道嗎？電影《復仇者聯盟》中那位君臨天下的雷神索爾，他釋放出來的能量是交流電還是直流電呢？這曾經引起鄉民廣泛的討論，只是既然是威漫陣營，再怎麼狀況外也不會跟ＤＣ（直流電）牽扯上關係，就算只是縮寫相同的巧合，與超人與蝙蝠俠為首的ＤＣ宇宙，一直是不共戴天的好嗎？

史上最性感的生日快樂歌

一九六二年五月十九日，性感的瑪麗蓮・夢露，在紐約麥迪遜廣場花園舉行的民主黨餐會上，風情萬種地向現任總統甘迺迪獻唱世界名曲〈Happy Birthday to you〉，其實偽壽星甘迺迪真正的生日是十天後的五月二十九日，想當然耳現場是沒有人在乎這個美麗的誤會，夢露一身膚色的晚禮服合身地展現出完美曲線，只聞她以慵懶低沉卻又無比誘惑的嗓音娓娓唱出祝福，沒有刻意的修飾，只有這位二十世紀最具代表性的女神，有本事把這個形同兒歌的世界名曲，唱得這麼性感。

全世界各地都能派上用場的生日快樂歌，大概是最容易琅琅上口的英文歌，這首旋律簡單，歌詞也不深奧的作品其實起源眾說紛紜，到現在原作到底是誰也講不清楚，唯一確定的是一家叫「桑米」的公司，在一九三五年於登記版權，依據立法的精神，如沒有支付版稅，就不能以營利為目來演唱這首歌。

六十五年後，唱片界重量級的華納音樂以一千五百萬美元收購桑米公司，其中這首〈Happy Birthday to you〉的版權價值被估為五百萬美元，保守估計每年光是這首歌就可以有兩百萬美元的使用費進帳。

這執行上勢必會引發法律糾紛，果然就出現版權的集體訴訟，纏訟幾年於二〇一五年九月二十二日定讞，洛杉磯聯邦法院判定桑米公司，一開始就沒有擁有歌曲的版權，後來併購的華納音樂自然也

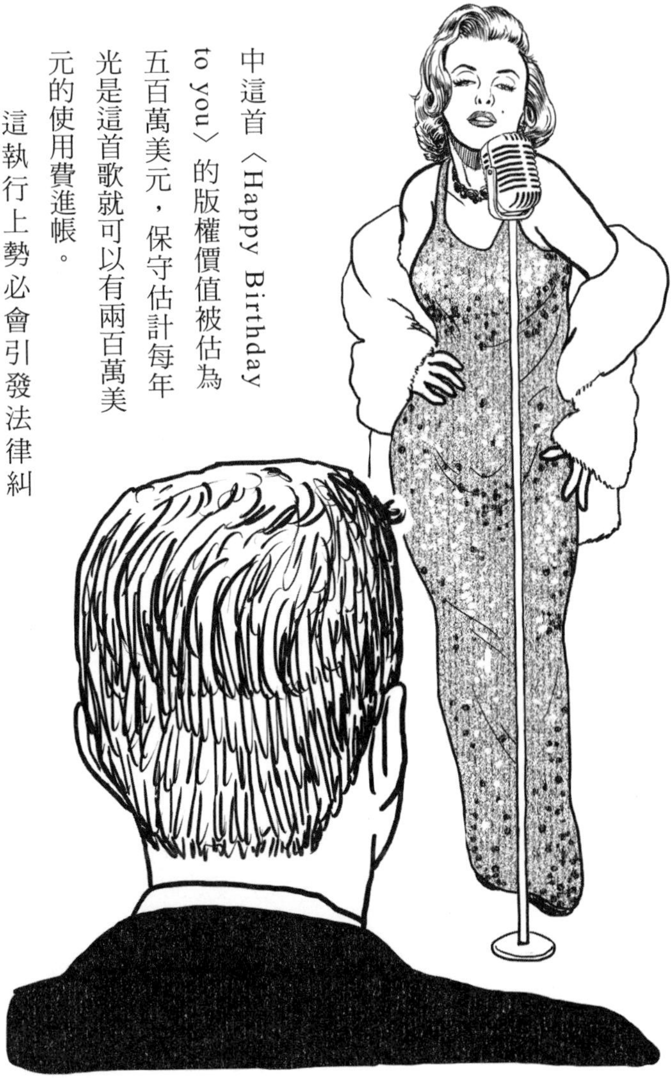

沒有，世人可以繼續唱免錢的。

所以，夢露當年這個場合不宜、時間不對、對象不妥但依然顛倒眾生的演出，也跟其他無數人的祝壽一樣，沒讓桑米公司拿到任何報酬。

連曆法都要特立獨行的北韓

一九一一年的十月十日，武昌革命由出身共進會的工兵班長熊秉坤開了第一槍，這個武裝政變啟動大清王朝的正式解體，孫文人當時在美國丹佛，他還真的是看報紙才知道祖國已經變天啦。孫文起事一向都在中國邊境的廣東，這個發生在內地的革命雖與國民黨無關，不過最後清朝的謝幕，還是九成必須歸功於這個晚上的衝鋒陷陣，即便後來因時空背景及主導歷史話語權者持續的變動，十月十日仍被奉為中華民國的國慶日。

在雙十節放假又紀念的國家不是只有臺灣，北韓也訂十月十日為朝鮮勞動黨建黨紀念日，這個目前由金正恩擔任總書記，是北韓唯一、同時也永不在野的執政黨，同樣也在這個日子慶生。雖然北韓黨與國家幾乎是同義詞，然而該國的正式國慶其實是在九月九日的重九日。

無獨有偶，為了與邪惡的西方勢力做出區隔，北韓使用的主體曆與世界脫軌，時至今年又剛好與中華民國的國祚同壽，公元二〇二三年，就是中華民國及朝鮮民主主義人民共和國，共享的第一百一十二個生日。

可是朝鮮民主主義人民共和國分明是一九四八年九月九日才建國，怎麼會跟辛亥年間推翻清帝國的中國一樣資深？那是因為一九九七年金氏政權宣布，為永遠傳頌和發揚創立永恆不滅的主體思想，紀念把革命和建設引向勝利的偉大領袖金日成同志其革命生涯和不可磨滅的事績，繼承並完成金日成革命事業的宗旨，朝鮮勞動黨中央委員會及中央軍事委員會為首的決策核心，一致通過開始起用主體曆為紀年方式，他們將朝鮮民主主義人民共和國締造者及主體思想創立人金日成出生的一九一二年，訂為主體元年，該國的所有文件、出版物和建築上均採主體年號的標記，只不過主體曆頒布的一九九七年，算起來已經是主體八十六年，過去的紀年，只好全部配合不朽而不滅的永久主體領袖金日成，進而回溯修改。

目前北韓全國境內有超過五百座金日成的雕像，時至今日新婚夫婦婚後拜見彼此父母前，要去最近的領導銅像前獻花的習俗也仍保留，而用以紀念永遠的領導者的「永生塔」，也在全國四處樹立，然而縱然精神長存民心，南韓傳媒引述消息人士指金日成遺體正在逐漸劣化，據參訪民眾透露外觀像條脫水的乾鱈魚，這受限於北韓本身有待改善的遺體防腐方式，真的不是換了紀年方式，就能無限期保存。

本來不受歡迎的澀谷忠犬八公

一九二三年（大正十二年）十一月十日，八公在秋田縣的北秋田郡二井田村（現在的大館市）誕生，同胎含其在內共有八隻，推測這也是「八公」這個名字的由來，隔年的一月十四日被送到東京，由上野英三郎教授飼養，然不過一年後的一九二五年五月二十一日，主人上野英三郎就因腦溢血而猝死。八公因未等到主人歸來，三日三夜從未進食。

雖然飼主已不在，但每逢於上野博士回家的時間，八公都會獨自前往澀谷車站等候，從不間斷至死方休，其實當時的車站員工與周邊的民眾，並不歡迎這隻天天來報到的老狗，因此常被欺負及驅趕，直到一九三二年日本犬保存會的齋藤弘吉，把八公在澀谷車站等候主人一事撰寫成文，以「惹人憐愛的老犬故事」為題刊登於東京《朝日新聞》。因而翻紅成名的八公獲封「忠犬八公」，死後還享有蓋雕像紀念的待遇，可謂備極哀榮。八公銅像是澀谷車站的著名地標，在手機尚未普及如今之前，很多約在澀谷車站前碰面的人都會選在這辨識度高的所在，讓忠誠而全年無休的八公，見證哪個傢伙沒有守時的觀念。

很多對狗外型辨識度苦手的民眾，都以為八公是柴犬，不過其實牠是隻秋田犬。雖然這兩種犬乍看似乎很像，不過秋田犬的性格比柴犬溫和許多，只是秋田犬是現存六種日本犬裡，唯一被歸類為大型犬的犬種，推測可能是因為太大隻了，上野英三郎的遺孀才會不想繼續飼養。

二〇二三年是八公誕生的百年紀念，將推動名為「八公生誕一百」（HACHI 100）的相關慶祝活動，東京從二〇二二年十一月的九十九歲生誕祭，至二〇二三年十一月的百歲生誕祭之間，預計會有各式活動來同歡慶生。

負擔得起的英國皇家認證商品

「皇家委任認證」是英國王室所頒授，用來肯定向王室提供商品、服務的公司或商人，擁有這項榮耀的商家，可以透過皇家的背書來招攬客人，其他像是荷蘭、丹麥、泰國和瑞典的王室，也會允許商人宣傳王室成員是他們的顧客，藉以提升商譽。

以英國王室來說，有很長一段時間，只有已逝的伊莉莎白女王及夫婿菲利普親王殿下，以及二〇二二年才登基的查爾斯三世，有資格授予認證權，基本上只有現任的國王（含配偶）及備位儲君才享有這項殊榮，那位目前備受英國子民憎恨的薩塞克斯公爵夫人梅根，是沒有這個權力的，那倒不是因為她與夫婿形同已與皇室撕破臉，或是被這對夫妻推薦恐怕是弊大於利，而是他們真的離王儲還差好幾個順位。

御用的品牌，品質當然不在話下，而有皇室撐腰，價格更沒在跟消費者客氣，像是雅格獅丹服飾、賓利汽車、伍斯特瓷器及經營了三個世紀以上的福南梅森茶等，都是高檔的選擇，但價格也往往讓凡夫俗子望之卻步就是了。

難道沒有平民化一些的東西嗎？有的，舒味思調味汽水雖然算不上便宜，終究還是我等咬牙仍能負擔的，是一樣有皇家肯定的認證商品，而且各大平價超市也都幾乎買得到，來自皇室的恩寵與尊榮，其實有時（偶爾？）並沒有那麼遙不可及。

你知道嗎？英國人的食物並不若他們的研究那麼享譽國際，不過這個日不落國也曾擁有他們的輝煌，十二世紀時英國人也曾很懂料理天鵝，結果吃到這種禽類瀕臨絕種，因此英國訂出法令給予皇家庇護，現在泰晤士河及其支流上的所有天鵝都是英國王室的資產，而且每年七月都會派出數天鵝大隊盤點，有王室罩才得以繼續在皇家恩寵下悠游（橫行？）自在。

另外有特權，相對也會有限制，王室成員其實不能自由選擇玩什麼桌遊，根據外媒報導，安德魯王子於二〇〇八年到英國建築協會探訪時，在現場看到「大富翁遊戲」時，提到他們在家不能玩這個遊戲，皇室的教誨認為這個屯地致富的概念，會讓人變得邪惡，是說搜遍全英國要找出比他們身家更殷實的地主，這根本不可能吧？

燈塔是古時候船員們的媽祖

大家應該都聽過一個航海的老笑話，一個艦長在能見度極差的海上前進，看到自己前方有燈光，代表有不知死活的傢伙闖進了航道，基於海上男兒不退讓的勇氣，艦長傲慢地要對方閃一邊去，結果得到的回覆是恕難照辦。氣不過的艦長報出自己海上資歷，要想來威嚇後輩別擋路，結果僅是一級水手的對方，冷冷地回說自己是在燈塔裡，要不要改向悉聽尊便。但這故事其實這個是不可能的，有經驗的海員，不可能會分不出船隻與燈塔燈光的差別。

早年燈塔在臺灣，是財政部下的關稅局所管理，後來二〇一三年才撥給港務局。燈塔是古早時代海洋國家必備的設施，尤其在導航及通訊設備技術還不是那麼完備的年代，燈塔可以說是海上交通最可靠的指引。

燈塔的需求老早就存在，像是澎湖東吉嶼的燈塔早在一九三七年就設立，它是臺灣本島往返澎湖的中繼點，東吉嶼的燈塔是十二秒一閃，各自的燈塔都有不同而且可供辨識的閃燈頻率，海員看到頻率就可以判斷大概的方向，而得知有沒有迷航。

燈塔的光源要能轉向四面八方放閃，這個轉速是固定的，因為主要燈塔的閃燈頻率都是不變的，以前燈塔光源沒有那麼強，必須要採用透鏡來反射，但有些透鏡的重量重到連燈塔也承受不了，菲涅耳透鏡因而應運而生，它的設計使透鏡的重量減輕而焦距不變，臺灣大部分的燈塔用的透鏡直徑是一公尺，用到一等鏡（直徑一．八公尺）的只有彭佳嶼，二等鏡（直徑是一．五公尺）的也只有一座在東莒。

臺灣目前現存大多數的燈塔都已經算是古蹟了，像是安平古堡的燈塔僅剩下觀光的作用，不需要在夜間點燈指引方向，所以就直接當成具有文化財價值的古蹟來對待，可是其他仍須提供海上夜間照明重責大任的現役燈塔就麻煩了，修繕時需聽從文史工作者的意見決行。

臺灣目前總計有三十六座燈塔，其中十三座是國民政府遷臺以後興建的，不過也都上了年紀，唯一一座在二十一世紀新建的燈塔位在太平島上，不過並沒有派人駐守，推測要有石油可挖的時候才會派兵吧。

腹胃疾病的黑色仙丹征露丸

明治維新後日本放下自尊向西方汲取養分，尤其在軍隊建置上更是用心，他們向當時海權霸主英國取經，以建立海面上的軍力，地面部隊則是移植了普魯士（德國前身）的制度，不同的建軍理念，造成後來日本陸軍與海軍長久以來的不合，然而在衝突間，卻意外催生一項流傳後世的知名藥品。

早年人類沒有攝取維生素的保健觀念，所以靠蔬果補充維生素C，就能避免的壞血病一直是海上生活的大敵，畢竟當年沒有船員會在航行中煮大家不愛吃的食材，然而英國海軍從殖民地的印度水手鮮有壞血病的結論反推，發現食用與蔬果混煮的咖哩很有幫助，這讓承襲經驗的日本海軍，幾乎每個月都會有好幾天的咖哩限定日，一些歷史悠久的傳統艦隊，甚至還有獨家引以自豪的調味番號。

同樣為國效力的陸軍，對抗缺乏維生素衍生疾病的歷史就慘烈多了，當時崇拜德國醫學的陸軍軍醫，尤其以森鷗外為首，普遍堅信腳氣病是因為細菌感染，其實此病病因是缺乏維生素B，而當時陸軍為了招募，所以保證士兵餐餐有白米飯吃，以精製白米為主的伙食卻會導致維生素B不足，在日俄戰爭結束時，日本有近三分之一的陸軍（近二十五萬人）罹患腳氣病，死亡近三萬人，原本懷疑腳氣病是因為海軍以麵包為主食的營養不良所引起，但最後卻沒有任何海軍健兒因腳氣病死亡。

反對陸軍米麥混食的森鷗外，曾嚴厲斥責海軍吃麵包，此為毫無科學根據的魯莽舉動，不過部分陸軍目睹實施伙食改良後抑制腳氣病的成果，態度開始鬆動，但堅持己見的森鷗外仍毫不妥協，日本剛治理臺灣時，調任臺灣總督府陸軍局軍醫部長的他，就嚴禁陸軍部隊米麥混食，結果駐臺三個月內就有九成士兵罹患腳氣病，二千餘人病死，森鷗外只有倉皇離開臺灣，甚至還企圖在文件上故意遺漏或竄改紀錄卸責。

堅持腳氣病與飲食習慣無關的陸軍，因森鷗外的獨斷沒能對症下藥，他堅信具強大滅菌效果的木餾油才是救贖，因此日本陸軍在日俄戰爭時，大量配發丸狀的木餾油給士兵，命名為「征露丸」（「露」源來自俄國「Russia露西亞」的譯名簡稱），不過這顆黑色藥丸實在太難聞而乏人問津，軍方不得不動用天皇的名義來鼓勵，這款以天皇陛下願望為名的苦口良藥經過大量的人體實驗，雖然證實對腳氣病毫無助益，但發現對抑止肚痛及舒緩腹瀉卻具神效，征露丸最後反而意外成為整治腹胃疾病的家庭必備良藥。

至於催生征露丸的森鷗外雖然捅出這個大婁子，然而官運亨通的他，還是一路做到陸軍軍醫總監中將的軍階才光榮退伍，是說森鷗外並不以醫學及軍事方面的成就留名，他可是日本第二次世界大戰以前與夏目漱石齊名的文豪，有《舞姬》及《山椒大夫》等名作傳世。

情人節的起源帶著點血腥

羅馬皇帝克勞狄二世曾經禁止年輕男子結婚，因為他認為未婚男子可以成為更優良的士兵，但一位相信愛情的浪漫主義者卻不遵守皇帝的諭令，名叫瓦倫丁（Valentine）的教士違反了皇帝的意志，祕密為年輕男女主持婚禮，惹怒皇帝的下場就是被收監，之後於西元二六七年二月十四日，在羅馬米爾維奧橋附近的弗拉米尼亞大道被處決，這是最多人認可情人節由來的版本。

會這麼說，是因為除了名字和二月十四日死在弗拉米尼亞大道之外，瓦倫丁的其他事跡並沒有可靠的紀錄流傳，甚至無法確定瓦倫丁是一位，還是兩位同名的人。

因為瓦倫丁也是癲癇的守護者，也因此癲癇曾一度被稱作聖瓦倫丁病，不過這與情人節的連結無關，對於熱戀中的伴侶來說，也有些煞風景。雖然在一九六九年修訂的天主教聖人曆中，這個二月十四日的紀念日沒有被保留，然而這位被當作情人節同義詞的瓦倫丁，仍在各地受到景仰與愛戴，尤其是餐廳、花店、愛情賓館以及禮品店這些受庇蔭的產業，都敬重其為衣食父母。

慶祝情人節的方法很多，通常是以增進情侶間感情的角度出發，然也有反向操作的，例如「情人醋卡」。這種盛行於一八四〇年代到一九四〇年間具有侮辱性的卡片，把量身訂做的諷刺轉為書面，限定在情人節那天送給特定對象，泰半以尖酸刻薄的言語為大宗，講起來還是現代人文明些，我們羞辱不喜歡的人沒在看日子的，不需黃道吉日想酸時就酸。

你知道嗎？三月十四日的白色情人節是一個源於日本的非正式節日，簡單說就是二月十四日由女方主動以表達心意後，男方經過一個月的思考，決定是否回贈的截止日期。依據《讀賣新聞》的考據，禮物通常會指定是白巧克力，原因是避免吝嗇的男子把女性送贈的巧克力，將其原封不動地做為回禮。

腦補滿載的古文新解

古老的智慧不管在那個年代都可能被賦予新解，甚至是完全相反的意義。用於記錄的文字，本身就是種會隨時代變動進化的活載體，部分傳統份子的堅持，其實有時拚死捍衛的價值，很可能只是自己的一廂情願罷了。

像是武俠小說裡最常被誤用的「量小非君子，無毒不丈夫」，照字面的翻譯是肚量小的人稱不上君子，做事不夠狠毒就不算是大丈夫。第一句話聽起來還合情合理，第二句難道沒有人覺得突兀嗎？大丈夫這種充滿正能量的名詞，怎麼會跟狠毒這種負面意涵聯結？

據說「量小非君子，無毒不丈夫」，是由「恨小非君子，無毒不丈夫」演變而來的，其大體意思是說對仇人不痛恨的人不是君子，對敵人不狠毒的人成不了大丈夫，這樣雖然還是不太合邏輯，至少比較說的通一些。這句話在元明清三朝的文學作品，包含筆記、話本、傳奇、雜劇及小說中廣為引用，最有名的當然就屬明朝蘭陵笑笑生《金瓶梅》第九十八回所寫：「常言說得好：『恨小非君子，無毒不丈夫。』」聽起來也許符合當時作者所描寫的心境，但事實是這也是文人自以為正確的解讀罷了，後世誰敢打包票能精確掌握原作者心中的真義？

衍生版的「無奸不成商，無毒不丈夫」，現在所代表的意涵與原意更是南轅北轍，原文應該是「無尖不成商，無度不丈夫」，反而是指為商之道就是要誠信善良，「無尖不成商」寫成「無奸不成商」是以訛傳訛的誤解。「尖」字源自古代用來度量的斗，古代米商做生意時，除了要將斗裝滿外，還要再多舀上一些讓斗裡的米呈尖錐狀，不能做到這樣就會被認為不夠資格當商人。至於「無度不丈夫」的「度」，則是尺度的意思，如果賣東西時沒有尺度標準的話，那就稱不上是大丈夫。「度」也代表著度量，指為商者也該要有大度量。這倒也不是說無良商人跟黑心企業的歷史沒有這麼久，其實應該是教育普及之下，民智已開的老百姓沒像早年那麼容易被唬弄。

《金瓶梅》的影響力則是淵遠流長，「簫史弄玉」一詞據說也是因這部小說而蒙上曖昧的意涵，其實這原先就只是蕭史（擅長吹蕭的男子）與弄玉（秦穆公女兒）這對才子佳人單純姓名的組合，這對擅長音樂的夫妻婚後情投意合，之後蕭史乘龍、弄玉跨鳳翩然成仙的美好傳說，偏偏在中國古典通俗作品中，尤其《金瓶梅》這類的艷情作品中就附上風流的隱喻，這個直挺挺樂器的形狀會有男性器官的聯想不難理解，而女性吹簫的動作，讓熱中文字遊戲的文人腦補也就不意外了。

「紅杏出牆」這種暗指不守婦道的言詞，源自宋朝年間葉紹翁的〈遊小園不值〉一文，創作的初衷是自己興沖沖地出門訪友，然而對方卻未應門也沒未掃榻相迎，所以心懷不滿的葉紹翁就暗喻朋友一定是貪惜滿園美景，自私地緊閉大門不願分享，只想將這片無邊春色關起來自己獨賞，但春色是關不住的，紅杏出牆也是無法避免的必然。杏花在古詩文多少有幾分風流的名聲，像更早年代的唐代詩人薛能就有〈杏花〉一詩這樣描寫那香豔：「活色生香第一流，手中移得近青樓。誰知豔性終相負，亂向春風笑不休。」同朝的李商隱也有詩云：「粥香餳白杏花天，省對流鶯坐綺筵」的浪漫字句，葉紹翁說不定本來只想唸老友幾句，卻剛好用杏花這個讓人想入非非的意象，後人就拿來當作指稱不正常男女偷情隱諱的表達。

而讓這個杏花與淫靡的連結能如此一錘定音，還是要回到那本自己沒看過，但總有朋友熟讀並告知的《金瓶梅》，聽他們說書中寫到西門慶第三妾孟玉樓的簪子上刻著：「金勒馬嘶芳草地，玉樓人醉杏花天」來預告後續的香豔情節，也就難怪與陵蘭笑笑生同期，而一樣不願以真名傳世的作者古棠天放道人，要將他那本通篇讚揚房中術，還特別強調男性雄風崇拜的淫書叫做《杏花天》了。

古代中國在傳統禮教壓抑下，性思維是很窒息的，文人只能寄情於創作抒發，期望字裡行間的情愫，終於會有人能理解。

是獅還是虎，糾纏不休的貓科紛爭

法新社在專題報導日本的AV產業時，曾專訪男優清水健大談業界生態，他感嘆AV男優是瀕臨絕種動物，以現役七十名男優得應付一萬名女優，而且投入這個產業的女子前仆後繼，他們這群逐漸凋零的不死老兵卻幾乎比孟加拉虎還要稀少，甚至比日本進口的冷氣壓縮機還要罕見。

這位在業界擁有多年苦幹實幹資歷的AV男優，對趨勢的觀察是正確的，然比喻卻失真，老虎的確是在一個世紀內，由十萬隻快速減少到目前的三千九百隻上下（不含人工飼養），而現代虎的九個亞種中，三個已經絕種，其餘的六種都被列為瀕危及極危。只不過孟加拉虎其實是老虎族群中數量最多（兩千五百隻），也是分布最廣的亞種。

又名印度虎的孟加拉虎，目前主要就存活在這兩個名字相關的國家，這是一七五八年瑞典自然學家林奈為老虎命名的模式，因而也就順利成章成了指名亞種。雖然產在這裡的形象如此深植人心，但孟加拉虎大概是一萬兩千年前才移居此處，反而是現在幾乎沒有野生老虎的西伯利亞、中國及爪哇，兩百萬年前就有牠們活動的遺跡。

在印度半島上繁衍的孟加拉虎雖然是外來種，然自有紀錄以來，就一直受該處人民的崇敬與膜拜，宗教及傳說中四處可見這威風凜凜的貓科生物穿插其間，從西元三〇〇年到一二七九年，朱羅王朝將老虎放在國旗之中可見一斑，不過事實上老虎與獅子的形象，在印度並沒分得如此精細，印度語言中「辛格」（Singha）這個字就是曖昧而含糊地泛指獅子與老虎，像是因這個字而得名的新加坡（Singapore）被稱為獅子城，幾乎可以確定其實最早取名的依據是老虎。

同一文化圈的斯里蘭卡也一樣，該國人民自稱是獅子人（Sihala，由Singha為字源演化而來），國旗上也放上這個萬獸之王的圖騰，然而斯里蘭卡的獅子僅存活在歷史與傳說中，島上早就絕跡（如果真的有過的話）不說，更諷刺的是，這個飽受內戰折磨的國家，最大的叛亂勢力泰米爾叛軍就是以虎為代表，這兩大貓科生物從命名開始就分不清，到現在也還是糾纏不休的宿命。

英國研究到底可不可信？

「迷因」的概念很早就成型，然而以相較嚴謹的論述呈現，應該是於一九七六年《自私的基因》一書中，作者英國演化生物學家理查．道金斯，利用演化遺傳的概念歸納，定義迷因為探索文化訊息傳播的文化演化模型，由這段論述觀察可以得知，人類對訊息流的渴求就是寫在天性的基因裡，尤其加上具公信力單位的背書，就讓人有難以抗拒想傳播出去的意圖，不過閱聽大眾多少已經察覺，許多打著英國研究的科學報導，經常是瑣碎而不知所云，甚至是莫名其妙的無厘頭。

這些以英國研究為起手式的偽科學，很多的確就不是以研究為宗旨，通常只是產品推銷作業中的一環罷了。這個醜惡的生態是這樣的，首先為鎖定消費者量身訂做、煞有介事以研究為名的文案，再找攀得上關係的學者來掛名，通常這位學者（如果真的有的話）也沒有實際參與所謂的研究（如果也真的有的話），頂多就是學術見解中部分與產品相涉的地方擷取來牽強附會一番，最後再把這個說起來不算真，但真的也不能算假的仿科學文章，傳給成天找素材的媒體手上強力放送，一篇又一篇英國研究就在這樣的產業鏈下量產，現在又加上社群媒體的推波助瀾，每個各取所需的個體戶，紛紛針對這些早已偏離主軸的題材加油添醋，有時再加上一些誇張的奇聞軼事就越來越荒誕不經，「英國研究」的金字招牌就在這樣的二手傳播下，逐漸失去燦爛。

其實位於英倫三島上的英國人，重視學術研究的傳統是有口皆碑的，「倫敦皇家自然知識促進學會」成立於一六六〇年，這個英國王室資助科學發展的組織，於一六六二年起就陸續開始獲取皇家各式特許的權利。學會的宗旨是促進自然科學的發展與應用，可說是世界上歷史最長而又從未間斷過的科學學會，在英國更是直接由神授君權的國人做為保護人力挺。

學會一開始是一個約十二名科學家組成的小團體，成員包含虎克、沛帝和波以爾等大咖，這個涵蓋了物理、化學及人文科學的團體最初並沒有任何設限，成員僅是天南地北分享及交流各自的發現，然而基於對研究的使命感，集會的頻率不斷提升，而會員名單也開始擴張，從一六六三年四月二十三日國王查理二世授與正式名稱沿用迄今。

從學會成立以來，無數熱中研究的學者憑藉著熱忱在此留下印記，別的不說，一九一五年到一九九〇年之間，學會的歷任會長都是由諾貝爾獎得主來擔任，他們不需要對英國政府的任何部門負責，預算執行也不必經過政府批准及審閱，反而皇室與政府有義務為學會經營的科學事業，提供財政資助以維持學術研究的超然，這樣尊崇學術的情操可說是無比神聖高潔，到二十世紀卻在消費主義掛帥中被玷汙，實在令人不勝唏噓。

你知道嗎？雖然英國研究的光環在新世代心目中已經亮麗不再，然而在近代中英國的研究還有舉足輕重的，畢竟曾是工業革命的領頭羊，英國人不是只淪於空談，而是著實有實品面世，全球第一支網路攝影機，就是出現在英國劍橋大學附近的「泰買屋咖啡店」，這個劃時代的發明就是來自英國人的創見，源於做研究實在沒有空檔去不斷察看咖啡機的咖啡煮好了沒，只是為何不是英國人熱愛的茶而是咖啡？就有待其他嚴謹的英國研究一探究竟了。

嚇死人的愚人節

一九七四年的四月一日，阿拉斯加矽地卡的居民，一早被冒黑煙的埃奇克姆火山所嚇醒。驚恐的人們通知海岸防衛隊的飛行員就近觀察之後，才發現是七十個燃燒中的輪胎，以及地面有著「愚人節快樂」的噴漆字樣。

埃奇克姆火山上一次爆發推測是西元前二二二〇年，而這個真的玩笑開很大的背後主使者是退伍軍人畢卡，這位參加過諾曼第登陸戰的老兵在一九七一年就打算這樣幹，不過天候不佳因而作罷，到一九七四年等到天公作美的晴朗愚人節早晨，他雇了直升機把這些輪胎弄到山上，事先是有通知航空管理局跟警察，但居民是直接找上沒有收到相關消息的海岸防衛隊，才引發如此巨大的不安。

畢卡早年還曾在樹上放過塑膠火鶴，騙來旅行的遊客說阿拉斯加有熱帶生物，反正就是當年的整人專家。

外國人對愚人節的惡作劇尺度很寬，一九八三年的四月一日，美聯社的菜鳥記

者貝拉斯寫稿打算向社會大眾介紹起源，所以跟波士頓大學的伯斯金教授請益，這位教授也正經八百地向這位涉世未深的記者，講述了一段歷史。

回溯到羅馬帝國時代，君士坦丁大帝為犒賞平日娛樂自己的弄臣，他特許其中一位坐上王位，來當個一日皇帝，弄臣們很快就趁皇帝沒改變心意前推出代表，這位名號為「庫格王」的一日限定小丑皇帝登基後，立刻就把握住機會創造了一個屬於自己的節日。同時下詔宣布未來全國老百姓都要模仿宮廷弄臣，用荒謬的言行來慶祝這荒謬的一天，這就是愚人節的由來啦！

教授其實留了伏筆，「庫格」其實是猶太人傳統料理的鹹布丁，在報導記者居住的紐約很知名，「竟然會有紐約的記者不知道庫格鹹布丁」的事實，在伯斯金教授的眼中，顯然比這個愚人節玩笑還要更荒謬。在那個媒體還具公信力的年代裡，這個信口胡謅的惡搞，透過報導就再也無法絕跡了，迄今仍在蔓延，到今天還是可以看到一些中文世界的網路媒體，或是那種沒營養的農場文產生器，引用了波士頓大學教授煞有介事地將鹹布丁與愚人節的起源連在一起的文章。

波士頓大學的後輩覺得這個教授整媒體的故事很讚，因此二〇〇九年的愚人節，他們又找上了伯斯金教授在攝影鏡頭前，再次侃侃而談這個假典故。被整而鬧出笑話的美聯社當然難以一笑置之，他們的編輯知道自家記者被唬弄後怒氣沖沖地質問教授，並在兩個禮拜以後發表了另一篇報導譴責了這樣的胡鬧，不過當事人的看法是這樣的，伯斯金教授認為新聞媒體輕易地接受權威人士的意見，沒有一絲一毫的懷疑，這件事情本身就是錯誤的。不管是什麼樣的消息來源，傳媒都有一點基本的查證義務。而且在他看來，這個滿是破綻的故事，早該在報社的審核機制的把關裡被識別出來。

不知要去哪裡的「日出之橋」

一九九八年，日本公司在宏都拉斯興建橫跨橋盧特卡河的大橋竣工了。但是同年的超強颶風「米契」嚴重到讓河川改道，留下了這座沒頭沒尾的陸橋。

本名為喬盧特卡橋的陸橋，只花兩年就興建完成，是由極度知名的安藤・間建設公司興建的。在興建的時候被當地人稱之為「日出之橋」，一九九八年竣工隨即商轉。無奈十月遇到當時號稱有紀錄以來最強大的颶風米契，以時速兩百公里的風速橫跨過宏都拉斯，帶來了平均三百公厘的雨量，但是最嚴重的喬盧特卡區的降雨量達到了九百公厘。其所帶來的災害，讓全國七〇到八〇%的橋梁和聯絡道路都毀於一旦，更別說對農牧業的影響。

不過我們也由照片中看到日本建設的品質，儘管河流改道，前後道路都毀掉，就這條「日出之橋」屹立不搖的站在這裡。不過當地人早已改稱這座橋為「不知要去哪裡的橋」。這座橋在二〇〇三年跟高速公路連結，終於知道可以去哪裡了。

喔，那安藤．間建設公司呢？他們的作品其實都很經典且廣為人知，從最早的東京的銀座線（一九三三年）、下關的關門橋（一九七一年）到新加坡的萊佛士坊一號大樓（前華聯銀行大廈，一九八六年）、馬來西亞的雙子星大樓（一九九八年）等，都出自他們之手。

失落七百年的微積分

如果人類七百年前就已熟悉並推廣微積分，現在科技會變怎麼樣？我只知道學生會早七百年受苦受難就是了。

《阿基米德重寫本》是阿基米德比較不為人知的一本著作。其不為人知最大的原因，是這本書被十三世紀的僧侶，將其羊皮紙上的原文刮除，用東正教的祈禱文覆蓋。後來古文物學家及科學家用紫外線、數位圖像處理等技術將其復原後，發現這個著作包含了微積分的理論基礎，比牛頓「發明」的現代微積分還早了約兩千年。

廢紙回收

《阿基米德重寫本》（*Archimedes Palimpsest*）原文中的「Palimpsest」一字，意思就是「重新書寫的羊皮紙」。羊皮紙上本身就比較稀有珍貴，因此常會被拿來重複書寫。要在羊皮紙上清除文字，其實滿費工夫的，除了要浸泡藥水之外，還要用工具刮除字跡。在十三世紀初的時候，這名僧侶正要回收的羊皮紙呢，剛好就是阿基米德以希臘文書寫、近九十頁的數學論文。原文洗刷後再寫上的呢，是東正教的祈禱文，阿基米德的著作從此變成一本祈禱書，其原本的數學內容也從此失傳。

浮出水面

一九〇六年，這本祈禱書在土耳其伊斯坦堡出現，有人注意到羊皮紙下方有當年沒有刮除乾淨的數學文字，引起丹麥哥本哈根大學教授海伯格注意，他赫然發現這本祈禱書原來是阿基米德的著作，其中最重要的就是早已失傳有關力學定理的《方法論》與《史多馬奇恩》，以及原本只有拉丁文譯本的《論浮體》。

阿基米德在《方法論》中，解釋他如何藉由力學工具來發展數學理論，運用分析幾何物體的不同切面與「無窮數」的概念，計算出物體的面積與體積，開啟了後世數學微積分（尤其是積分）的先河。《史多馬奇恩》則論述一種類似七巧板的古希臘兒童玩具，涉及幾何學與組合數學。

海伯格受限於當時環境與科技條件，無法對《阿基米德重寫本》做更完整的解讀，而且隨著第一次世界大戰爆發，這本珍貴的古籍一度消失，多年後才又出現在法國一名收藏家的公寓中。

二次傷害

一九九八年十月，《阿基米德重寫本》在紐約佳士得公司拍賣，一位匿名富豪出價兩百萬美金買下，並委託美國巴爾的摩的華特斯美術館典藏，並加以復原。

這時《阿基米德重寫本》的狀況已經相當差，除了歲月的痕跡之外，多處扉頁滿布霉菌與蠟油，那時代人們為防止書本散開，還塗抹上大量膠水。更嚴重的問題是，二十世紀的偽造者為了增添本書的「價值」，在其中四頁畫上拜占庭時代的宗教畫，造成難以彌補的傷害。

重見天日

所幸古文物復原專家運用紫外光與數位圖像處理等技術，耐心將《阿基米德重寫本》一頁一頁復原，填補百年前海伯格解讀的缺漏，並呈現出多幅原作中繪製的幾何圖形。

二〇〇五年五月開始，復原工作大大的升級；加州史丹福大學同步輻射實驗室的科學家伯格曼想到，既然謄錄阿基米德論文的墨水中含有鐵，因此可以用直線加速器發出的高能X光，將墨水中的鐵原子激發出螢光，讓許多至今無法解讀的文字與圖形一一現形。

華特斯美術館膳本書籍部的主任說：「這猶如從西元前三世紀（阿基米德的時代）收到的一份傳真，真是令人興奮不已。」

第三章

那些
很有事的
戰爭

倒V手勢起源的阿金庫爾戰役

發生於一四一五年十月二十五日的阿金庫爾戰役，是英法百年戰爭中著名的重要戰役，以少勝多的英國軍隊以不到六千人的陣容迎戰，其中裝備較好的騎兵甚至不滿千人，而對手的法軍有三萬六千名左右的戰士，超過一半是重裝騎士，然而最後卻是英軍以由弓箭為主力的戰法，澈底擊潰對手的豪華陣容。由於戰前的大雨導致戰場異常泥濘，缺乏紀律和隊形的法國人在英軍密集的射擊中損失慘重，光是法國貴族就戰死了五千多名，其中包括三位公爵，五位伯爵和九十位男爵，甚至連元帥都被俘虜，而好整以暇的英軍僅損失百餘人，這場戰役讓法國的優勢澈底喪失，直到聖女貞德的出現，才再次扭轉戰局。

這場戰役在戰史上有非常重大的意義，當年只有貴族才有本錢添購重型裝甲與駿馬來武裝自己，然而所費不貲的騎兵衝鋒設備、重金打造的鋼劍及長年苦練的搏鬥技巧，面對容易上手，且平民百姓也不難人手一支的弓箭卻沒有任何優勢，據說著名的「倒V手勢」即是起源於此。

由於法國貴族騎士鄙視英國弓箭手低微的出身，戰前宣稱說一旦抓住使用這類不入流便宜武器的傢伙，將會剁去那兩隻貧窮的手指，讓他們一輩子不能再射箭。而戰鬥結束後，英國弓箭手紛紛叉開雙指向對方炫耀自己仍然完好，從此也就成了表示羞辱對手的手勢。

你知道嗎？十月二十五日也是邱吉爾最後一次當選英國首相就任的日子，在一九五一年那天舉行的英國大選，由他老人家帶領的保守黨擊敗工黨，以七十七歲高齡再任首相。

邱吉爾與倒V手勢很有緣分，幾次在表示對德國決不投降的場合中，都用上這個手勢來表態，然而聽說他老人家其實並不知道這是個很挑釁的手勢，可能更不清楚是來自祖先在阿金庫爾戰役勝利的可敬淵源。

史上最大規模的雷伊泰灣海戰

雷伊泰灣海戰從一九四四年十月二十日持續至十月二十六日，這場人類歷史上最大規模的海戰，發生在菲律賓的雷伊泰島周圍海域，日軍與盟軍投入的船艦總噸位超過兩百萬噸，盟軍艦隊多達一百三十三萬噸，日本海軍則達七十三萬噸，共計有二十一艘航空母艦、二十一艘戰列艦、一百七十艘驅逐艦以及將近兩千架戰機參與這場海上殊死戰。

戰事在一九四四年的十月二十三日進入高峰，日軍由大和、武藏、長門、金剛和榛名五艘戰艦率領，加上十二艘巡洋艦和十三艘驅逐艦的聯合艦隊企圖突圍，但由於缺乏空中的火力支援掩護而遭重創，日軍在這場海戰中損失四艘航母，戰列艦三艘，巡洋艦十艘，驅逐艦十一艘，損失飛機兩百八十八架，傷亡一萬人。盟軍則有三艘輕型航母，兩艘驅逐艦及一艘護航航母被擊沉，損失飛機一百六十二架，傷亡約三千人，這場迄今最後一場航母對決的海戰戰果相當懸殊，也成為盟軍贏得最後勝利的重大契機。

雷伊泰灣海戰日軍會輸得這麼慘，是因為少了空中火力的掩護，但不是他們在戰術上沒有考慮到這點，而是在一九四四年十月十二日，盟軍就先對臺灣進行了一次空襲，美軍特遣艦隊先繞到臺灣東部海域轟炸日軍的機場，特遣艦隊的十七艘航空母艦搭載了近千架戰機啟動攻擊，讓日軍損失三百一十二架戰機與轟炸機，這場臺灣近海的航空戰，也早一步定調了雷伊泰灣海戰的勝負，直接宣判日軍的死刑。

原先海軍上將尼米茲建議進攻臺灣來控制聯繫日本和南亞的海路，切斷日本與南亞其他據點的聯繫。不過陸軍的麥克阿瑟將軍主張在菲律賓登陸，因為他曾經因為日軍進攻而於一九四二年倉皇地逃離菲律賓，心高氣傲的麥克阿瑟走前曾經發誓重返故地，就是那句知名「I shall return」的宣言。後來這句聽起來很帥的放話，被改成更言簡意賅的「I'll be back」，由動作明星阿諾．史瓦辛格在電影《魔鬼終結者》中發揚光大。

你知道嗎？二〇一三年重創菲律賓的強烈颱風「海燕」，是二十一世紀威力最強大的熱帶風暴，在接近巔峰狀態時登陸菲律賓，登陸時的風速也創下當時的世界紀錄（此紀錄已於七年後被颱風「天鵝」刷新），而海燕當年接觸菲律賓陸面的地點，是的，又是這個見證諸多慘烈的雷伊泰灣。

最有名的奇襲
珍珠港戰役

一九四一年的十二月七日，發生了一件人類戰爭史上罕見的矛盾，那是個很失敗的巨大成功，單以軍事行動的結果論，像日軍突襲珍珠港行動這麼輝煌的戰果很罕見，然而在整個日本對外戰爭的綜觀長遠的發展上，卻是個極大的錯誤，導致他們最後走上投降一途，而將在太平洋地區的經營付之一炬。

這個行動是由曾留學美國的山本五十六帶領策畫，他其實深刻了解美國工業的產能是日本根本無法望其項背的，一旦陷入國對國的消耗戰，日本絕對不會是勝出的一方，不過在集體中邪的狂熱中，山本的理性建言被淹沒，最後也只有自己撩下去。

軍事行動當天，夏威夷島上才迎來天亮的曙光，日本海軍由六艘航空母艦，帶領共三百多架戰機的兵力來犯，兩波奇襲擊沉及重創美軍八艘戰艦，三艘巡洋艦，三艘驅逐艦，摧毀一百八十八架戰機，並造成二四〇二人殉職和一二八二人受傷，事先規畫周詳的日軍，則僅損失二十九架飛機和五艘袖珍潛艦，共六十五名士兵陣亡失蹤，一位日本潛艦乘員被俘虜。

突襲事件的隔天，美國國會以只有一票反對通過了對日本的宣戰，讓對參戰態度曖昧的美國，因而全力投入二次世界大戰，那唯一的一張反對票，則是由一位篤信教友會的女性議員蘭金所投下。

珍珠港行動可能是知名度最高的奇襲，然規模最大的則是早了六個月的巴巴羅薩作戰，這個德軍入侵俄國的行動，自一九四一年六月開打，一直延續至十二月間無法攻占莫斯科才告終，原本的作戰計畫是要快速攻克俄國的西方領土，在最初數個月裡，德軍繼續沿用之前在西歐大獲全勝的閃擊戰術，一直打到莫斯科才因後勤補給受限而功敗垂成，這場作戰的挫敗，可以說是希特勒和第三帝國命運的轉捩點，巴巴羅薩奇襲撕破了德蘇間互不侵犯的協議，也觸發了德俄地面戰這場人類歷史上最血腥的戰爭，一直打到兩邊都是彈盡援絕，至一九四五年五月有了西方國家助力的俄國攻進柏林，才算正式結束。

您知道嗎？夏威夷以地理上來說，幾乎是全球最孤立的群島，考量上距離與文化的隔閡，這裡實際上持續有宣布獨立與美國一邊一國的聲量，雖然相當微弱，但卻意外在中美角力戰中扮演插曲，每每中國要抗議美國賣武器給臺灣時，他們總會以大動作宣稱，不排除支持夏威夷獨立來回應，以堅決干涉美國內政的手法來表達憤怒。

貿易逆差是鴉片戰爭的導火線

林則徐在虎門銷毀鴉片，被視為第一次鴉片戰爭的導火線，然而在兩國交易額長年過度傾斜時，就已埋下火種。其實早在唐朝罌粟就經由阿拉伯國家傳入中國，四川當時就已經開始種植當時叫做「阿芙蓉」的作物，宋代詞人蘇東坡寫過「童子能煎鶯粟湯」的文字，鶯粟就是指罌粟，普及到連中醫經典《本草綱目》也將其收錄在穀部第二十三卷中，明朝年間徐伯齡所著《蟫精雋》的卷十〈合甫融〉首次正名為鴉片，並提及當時在宮中及文人間風行的狀況，最出名的大概就是喜於深宮中抽鴉片的明神宗，據說癮頭大到接連三十年都懶得上朝。

清朝初年勵精圖治的雍正皇帝曾經下令禁止鴉片，多位皇帝皆有跟進，但從未認真執行，道光帝自己在任親王的時候，就是愛用鴉片的同道中人，他上任前的清朝中葉罌粟就已經遍及全國，同治八年的《涪州志》就有記載其盛況，不少文獻中也都有留下因為太多人改種罌粟，導致市場上找不著其他農作物的窘境，這不是只在地人有感，外國傳教士也曾記錄黃河和長江之間的土地，都布滿了罌粟田的情形，這個作物在當時的中國是足以自給自足，不過英國為了平衡因購買茶葉跟瓷器的貿易逆差，由印度進口成分更純的鴉片打破了平衡，清政府很在意中國的白銀因此流失至外國，才有廣東虎門銷煙的大動作，的確朝廷也不希望大家沉迷在這種對國家產值沒貢獻作物上，然而真正導致中英衝突還是國與國之間的利益衝突。

俗稱的第二次鴉片戰爭，是一八五七年開始的英法聯軍，聯軍在一八六〇年打進北京後，慈禧隨同咸豐帝及其他皇族以北狩為名逃往承德避暑山莊，而清朝最後一個善戰的滿族軍人，就是在黃飛鴻系列電影裡被黑得很慘的僧格林沁，在這次的戰役中陣亡，清朝政府在戰後的《天津條約》中將鴉片改稱洋藥，允許可以合法買賣，而英國因殖民地印度已經可以供給茶葉不必再找中國，當下已停止輸出鴉片平衡對中貿易逆差的做法，當時中國本身也學會提高鴉片濃度的做法，英國商家轉手的舶來品其實已經不具市場競爭力。

人類很早就發現從罌粟花中萃取的成分，具有麻醉與鎮痛的效用，十七世紀的英國醫學協會還設立獎項，推動國產鴉片的培育，他們一方面把嗎啡含量五%上下的印度鴉片賣到中國，另一方面又進口更夠勁（濃度十三%起跳）的土耳其鴉片留給自己用，在一八三五到一八九五年間，英國國內鴉片消費的年平均增長率為二．四%，當時市面上各種管道幾乎都能買到含鴉片成分的產品，甚至還有含微量鴉片的嬰兒保靜劑，畢竟不少被孩子哭鬧弄得心煩意亂的地方媽媽、拿錢辦事與人消災的保姆及育嬰服務都樂意餵食，讓孩子睡久一點以換取安寧，可能就是從人生起跑點就開始攝取，在維多利亞時代幾乎每個英國人，都在生命中的某一階段服用過鴉片，就像喝酒或抽菸一樣是生活的一部分。

嗜食鴉片的英國國王喬治三世後來失控的抓狂行徑，就可能跟服用過量有點關係，而即位的喬治四世也沒學到教訓繼續吸食，甚至當代最知名的英國偵探福爾摩斯也是愛好者，這個偵探不愛去口味不夠重的鴉片館，而是直接用針筒為自己注射七%的古柯鹼溶液，而他身邊那位老是不知道發生什麼事的搭檔華生，就算在犯罪調查方面幫不上忙，好歹是受過醫療訓練的醫師，也不多勸勸老友幾句。

日俄戰爭
不只爭勝負這麼簡單

在工業革命後東西世界的國力開始傾斜，軍事方面西強東弱的態勢逐漸明顯，歐洲也儼然成為人類社會的重心，日俄戰爭稍稍扭轉了局勢，這是十九世紀後第一次有亞洲國家打敗歐洲國家，也是工業時代後，非基督教國家打敗基督教國家的首例，讓日本國國際地位空前提升，同時增強了那些非歐洲主流國家的民族自信心，很多過往畏懼強權的弱小民族或附庸，開始認真思考獨立自主建國的意念，也牽動了二十世紀的世界勢力版圖，這場戰爭的意義超越了單純的勝負，賦予了供其他國家依自身需求的表述空間，結果就是出現許多浪漫有餘而偏頗不實的超譯。

日俄戰爭中的地面戰勝負是在奉天會戰後底定，然而鋒頭與知名度卻遠遜於從一九〇四年十一到十二月間的旅順二〇三高地（海拔二〇三公尺，是此戰役中的最高點）攻防戰，這場兩國間最為人傳頌的陸上對決，可說是精銳盡出，打到最後的一兵一卒方休，對二〇三高地這麼勢在必得，是因為日本打算取得制高點，牽制停在旅順港內的艦隊，激戰後落敗的俄國陣亡約五三八〇人，慘勝的日本也有五〇五二人捐軀，這場日俄在旅順最激烈的駁火可謂可歌可泣，兩方均不退讓的肉搏戰曾多次拍成電影，然而實際上搶到這個制高點，其軍事價值完全是被吹噓與高估了，事實上日軍根本不需要這裡，也能掌握俄國艦隊在港內的動態，更何況在二〇三高地被日軍占領前，這支艦隊就已經戰力全失，過程被不成比例的高調歌頌，然對戰局卻可說是無關痛癢。

在軍國主義的宣揚下，戰場上的視死如歸被無限上綱了，兩國在地面上的對戰比較接近的形容，是殺敵一千自損八百的兩敗俱傷，在日俄都有付給中國場地租借費（以戰爭補償名義支付），東北開打的地面戰雖然彼此都傷亡慘重，戰果雙方僅能說是堪稱打平，真正關鍵來自在國際公海（對馬海峽）上，日本海軍痛擊俄羅斯帝國海軍的勝利，這個海戰史上損失最為懸殊的海戰，定調了整場戰爭的終局。幾乎全軍覆沒的俄國第二太平洋艦隊，過半的艦艇被摧毀，而日方僅損失三艘魚雷艇。

日本海軍與陸軍長久以來都有心結，不能讓同志搶光風采，所以對整個戰爭影響有限的二〇三高地攻守戰，還是必須強力放送來抗衡，畢竟海軍元帥東鄉平八郎總是有與官兵站在無隱蔽的甲板上同生共死的氣魄，在交戰前向全艦隊發出：「已經發現敵艦，聯合艦隊即刻出動，今日天氣晴朗但是波浪高」「皇國興廢在此一戰，各員一起奮勵努力」的訓令，更是在日本家喻戶曉，此戰的勝利使得東鄉平八郎也成了鄂圖曼土耳其（當時正被俄國蹂躪）的平民偶像，導致該國後來有很多新生兒和街道，都以東鄉日文發音的「ＴＯＧＯ」命名，面對國際性的知名度，日本陸軍怎麼樣，也得拿出重量不重質（？）的文宣與海軍抗衡。

你知道嗎？這場戰爭雖是日本和俄國的戰爭，但在當戰爭爆發時，蒙特內哥羅王國也因自己是俄國的盟友而向日本宣戰，但其口惠而實不至，未派任何重要部隊參戰就是，因此日俄戰爭後的和平條約中並未提到蒙特內哥羅，這表示有宣戰的兩造依舊處在戰爭狀態。第一次世界大戰後蒙特內哥羅併入南斯拉夫，一直到二〇〇六年才獨立，承認蒙特內哥羅主權的日本，與其簽署和平協定正式結束兩國間的戰爭狀態，這場沒有任何傷亡的戰爭，總共持續了一百零一年之久。

二次大戰中的精采真假情報戰

下面這段故事，來自美國二戰期間的戰地記者薛爾的自傳，並非第一手資料，也沒有找當事人查證，所以無法證實其真實性。傳說二戰期間，德軍曾利用木製的假機場、假飛機、假軍車、假機庫來混淆同盟國的空軍。早幾個月前得知此情報的英國皇家空軍，靜靜地等德軍忙完才飛過去，丟了一顆木製的炸彈共襄盛舉，做為向德軍創意致敬的心意。

但德軍是真的有利用假機場建物來欺敵的前例，甚至會把機場漆成被炸過的樣子，試圖讓空軍放過這些基地，但就算是假機場，通常

還是會配一些真實的防空武器。而英軍真會為了丟一顆木頭炸彈，安排戰機升空？再者木製飛彈落地後還可以保持的這麼完整？聽起來比較像是宣傳我軍威武的故事了。

總之，還是老話一句，這故事拍成電影我會去看。

由於高空的視野最能一目了然，偵查飛行器的概念很早就成形，不過受限於當時的生產力，二戰期間通常以退役戰鬥機改裝或高空氣球來進行，不過也有反向操作的實例，像「氣球炸彈」就是日本在二戰時期使用的一種武器，由該國氣象學家荒川秀俊設計，利用北半球西風帶的高空氣流推動，日本共計發射了超過九千個攜帶炸彈的氫氣球，行經遼闊的太平洋送到美國本土進行破壞，據說大約三百個氣球炸彈在北美被觀測到，其中有一個在美國西岸俄勒岡州卡在樹上，該處一個外出野餐的家

庭，包含一名婦女和五名兒童不幸在拉扯過程中引爆，六人均當場死亡，這也是二戰期間美國本土唯一的平民傷亡，荒川秀俊也因此被遠東國際軍事法庭裁定為戰犯，獲判七年監禁。

除前述的平民傷亡，氣球炸彈其實造成美國西岸頻繁的森林火災。但由於美方採取了新聞管制措施防止消息洩漏，讓日方無法透過美國的媒體報導確認戰果，別說雙方在情報方面的諜對諜，主要是美日當時處於戰爭狀態，氣球被擊落就算氣噗噗也不能多說什麼。

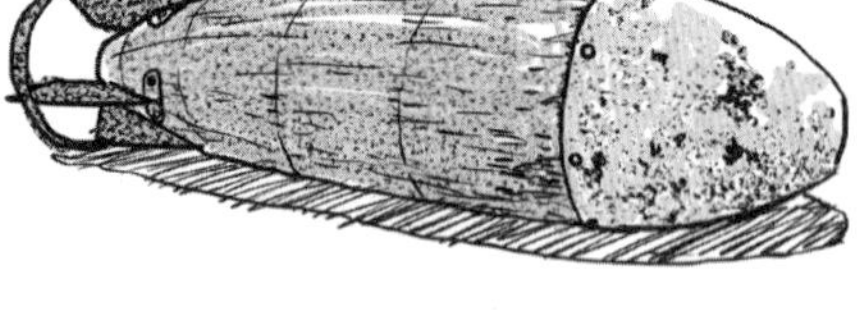

大平洋戰爭中移動的人造島礁

一九四二年二月，日本海軍開始進攻荷屬印度尼西亞，負責爪哇島的是今村均中將，及其所率領兩個師團約四萬人的兵力。日軍大本營可能挺瞧不起荷蘭海軍，只派出了兩艘妙高級重巡洋艦和兩艘川內級輕巡洋艦，外加十四艘驅逐艦和若干輔助船，由高木武雄少將率領，來給登陸部隊護航。

荷蘭海軍的指揮官則是多爾曼少將，由於得到了英國和美國海軍的增援，多爾曼手裡有了兩艘重巡、三艘輕巡和九艘驅逐艦，他覺得可以正面和日本艦隊較量一下。

然而一打起來盟國海軍很快傻眼了，由於盟國艦隊是拼湊而成，而且荷蘭旗艦「魯伊特號」和美國旗艦「休斯頓號」的無線電先後出現故障，導致幾乎整個海戰過程中，多爾曼始終無法有效的指揮陣型。而日軍此戰使用了射程驚人的九三式氧氣魚雷，盟軍艦隊根本不知道日軍有這樣先進的武器，所以誤認附近有日本潛艇編隊埋伏，搞得自己風聲鶴唳。

經過七個小時的海戰，盟軍兩艘輕巡和三艘驅艦逐一被擊沉，一艘重巡「埃克塞特號」被擊中鍋爐導致起火，帶傷退出戰場。整場戰鬥日軍僅傷亡三十六人，盟軍則有兩千多人葬身魚腹。

接下來就該輪到本文的主角「克林森號」登場了，爪哇海戰失敗後，日軍登陸部隊很快攻占爪哇島全境，盟軍下令所有倖存的艦船撤往澳大利亞。「克林森號」僅僅是一艘近海掃雷艦，航速只有可憐的十五節，所以在撤退的隊列中它落到了最後。

荷蘭船員們焦急萬分，要知道日軍飛機每天都在附近海域打轉，而自己只有兩門雙聯裝二十釐米的厄利孔高炮，防空能力近乎無，如果被日軍飛機發現，用不了多久自己就會被炸成一堆廢鐵。此時船員們想出了一個奇葩的辦法，他們首先讓船靠岸，然後在附近的島上砍了一大堆亂七八糟的樹枝和野草，把整條船包裹了起來，就像一個綠意盎然的小島。

荷蘭船員們每天晚上前進，天亮了就找個島嶼附近拋錨，偽裝成一座礁石。這樣航行了幾天，日軍飛機竟然真的沒有發現他們。斷斷續續爬了將近半個月，終於回到了澳大利亞。它也是整個艦隊中，最後一艘安全撤退到澳大利亞的艦艇，這個故事成了荷蘭海軍的一個傳奇，戰後該艦繼續服役到一九六〇年退役，然後成了荷蘭海軍博物館的一座收藏品。該艦現在還停在登海爾德的荷蘭海軍博物館碼頭內，如果有去荷蘭旅遊的人，可以去瞻仰一下這艘祥瑞之船。

美國真會做生意的克里米亞戰爭

一八五六年三月三十日，交戰多年而疲憊不堪的鄂圖曼土耳其帝國與俄羅斯簽署《巴黎條約》，正式結束這場這兩國第九次的戰爭衝突。

這場史稱克里米亞戰爭的軍事衝突，是戰史中第一次的現代化戰役，具動力的鐵甲船和現代化的爆炸性炮彈（以前都只是把不會炸開的重物當砲彈打出去），首次使用在戰事中，鐵路破天荒被用來作為運送戰爭物資的後勤支援，戰地醫院也在戰爭中初現身，南丁格爾就是以在本次戰事中的無私奉獻，而成為護理師精神的代名詞。

克里米亞戰爭的落敗方俄羅斯，必須放棄所有占領的地區，也被要求不得在鄂圖曼治權所至的黑海駐軍，但最慘的還是為重建國內奄奄一息的經濟，俄羅斯不得不賣祖產來補資金缺口，他們把阿拉斯加賣給當時還沒有利害衝突的美國，誰知道這個當時看似沒搞頭的不毛之地竟然產石油，加上戰略位置的優勢，美國因意外成為本戰爭的最大贏家。

由於沒有經過探索及開發，這塊位在美洲的領土對俄羅斯來說，只是增加駐軍經費。當時又擔心阿拉斯加被戰勝國聯軍成員的英國當戰利品奪走，乾脆賤賣給美國，這是世界土地交易史上，面積最大的一筆交易，經過漫長的討價還價，雙方終於以七百萬美元外加二十萬美元手續費成交，平均每英畝土塊僅值兩美分。比起一六六二年英格蘭國王查理二世，以三十二萬英鎊的價格，將位於歐陸的敦克爾克便宜賣給法國的往事，即便考慮通貨膨脹的因素，還是不得不說，美國人真的很會做生意。

你知道嗎？因為克里米亞戰爭打得很膠著，為了抒發壓力，兩方的軍紀都很渙散，不怕死的商人直接跑到前線兜售香菸不說，很多不怕累的女性也到營區去做生意，兩軍不得不自組巡邏哨兵、糾察隊來抓這些閒雜人等，後來演變成執行軍紀糾察的軍事警察，臺灣則是沿用日本的翻譯，稱之為「憲兵」。

法國大革命為何選中巴士底監獄？

「巴士底」在法語中是監獄或堡壘之意，嚴格說來，法國到處都有以巴士底為名的監獄，只是最有名的那個在巴黎。一七八九年七月十四日，是法國大革命的日子，由憤怒而飢餓的巴黎市民與叛軍，聯手攻陷原名「聖安東萬監獄」的灘頭堡，現在因其歷史意義，後人只稱這個革命的第一現場為「巴士底」。

十九世紀的浪漫主義歷史學家，把巴黎的巴士底監獄當作法國專制的代表，但其實當時這可能是全法國生活條件最好的牢房，完全不適合視為巴黎人民憎恨的極權統治圖騰。因為離凡爾賽宮近的地緣因素，這裡是給王室關人用的，而且入獄的原因通常也跟民主無關，反而是國王的好惡多一些。當天巴士底監獄淪陷時，裡面只有七名囚犯，四名偽造犯以及一名殺人犯是平民，其他兩名被收押的貴族，都是因為行為不檢觸怒國王而入獄，其中沒有一人是需要被解放的政治犯，民眾之所以要攻占此處，單純是因為裡面有很多槍。

擁有一百一十四名衛兵的巴士底監獄，於事發當天下午被攻陷，當天唯一在喪命當場的是監獄管理人勞內侯爵，他在棄械投降後，仍然被拖出來凌虐直至被斬首，頭還被穿在長矛上繞城示眾。革命當下，想來民眾已經累積很多的憤怒，勞內侯爵這個苦主就成為第一個被祭旗的人選，見證當年撼動皇權、催生民主的石破天驚。

你知道嗎？這間巴士底監獄中的受刑人中有兩位貴族，其中一個是惡名昭彰的薩德侯爵，這位因色情而坐牢的傢伙是變態文學的創始者，就是性虐戀（Sadism and Masochism）裡「S」（薩德主義）的主張人，就說法國真的很重視表達的自由，認不認同是一回事，都無差別會誓死捍衛就是。不過提醒一下薩德侯爵的口味很重，想研究風格還請自行斟酌，那不要說兒童不宜，成人也不一定吞得下去。

臺灣第一炸的松山空襲

一九三八年二月二十三日早上十一點五分，臺灣遭遇首次的空襲，這是以地理名稱為觀點出發的敘述，然以歷史的角度來闡明就有點複雜了。講來諷刺，這是目前在這塊土地生根立命的中華民國政府，首次轟炸臺灣，同時也是當時日本首宗領土遭受空中軍事攻擊的事件，當時亞洲許多地方都隸屬日本，然而遇到交戰方對這些領土（不含日本本土）的空襲轟炸，這還真的是頭一遭。

之所以選在二月二十三日發動攻擊，是因為這天是蘇聯的紅軍節。因為執行任務的主力，就是來支援的蘇聯航空志願隊，這個來助陣的戰鬥民族，以中華民國空軍的名義出擊，並且在自家的蘇聯戰機漆上代表中華民國空軍的青天白日徽，但由於戰後中華民國與蘇聯因冷戰徹底決裂，這個歷史事件，就與蘇聯航空志願隊一同被大多數史料刻意忽略。

這個攻擊行動原本預定是中蘇聯手出擊，由兩支飛行小隊同時執行任務，一隊是由駐紮南昌機場兩國混合編隊的十二架ＳＢ轟炸機隊，另一隊為由漢口機場起飛，全由蘇聯飛行員駕駛的二十八架ＳＢ轟炸機群，但南昌機隊因領航員計算錯誤偏離航線而放棄任務，最後由來自漢口的編隊單獨赴任，這次的攻擊目標距離超越了戰鬥機的航程，而且全程沒有護航，然而戰果相當輝煌，共炸毀日軍戰機四十餘架、兵營十座、機庫三座，擊沉擊傷船隻多艘，並讓松山機場完全陷入癱瘓。

這個宣示性的空襲在向日軍傳遞一個訊息，代表中方在蘇聯支援下已經有跨海反擊轟炸日本領土的能耐，實際傷亡慘重的日方，提報時謊稱僅有少數居民遭波及，然而此戰果在當時在軍方引起相當的震撼，為此將臺灣總督小林躋造被撤職，松山機場的大部分人員移送法辦，機場指揮官甚至切腹謝罪。

你知道嗎？在俄羅斯、白俄羅斯、吉爾吉斯斯坦等國，每年的二月二十三日是祖國保衛者日，這是紀念紅軍在一九一八年，於彼得格勒南部普斯科夫擊退德軍的保衛戰，戰鬥民族從一九二二年起將這天訂為紅軍誕生日，二次大戰後改稱蘇聯建軍節，到一九九五年才統一為現在的名稱。這是全國放假的法定假日，祖國保衛者日除了是軍人的節日，俄羅斯人也將其看做是男人節，這一天婦女們會向自己的丈夫贈送禮物，這可是全年無休戰鬥民族難得的溫馨時刻。不過烏克蘭在二〇一五年就下令這不再是該國的節日，彼此不同調早就其來有自，而俄烏雙方也還真的在過了這個沒有共識日子後開打。

第四章

那些
很有事的
業配文

清心寡慾的佳樂氏玉米片

約翰・佳樂氏出生於一八五二年，他是一名強力主張禁慾的醫師，這位深信性慾是萬惡之源的醫事人員，曾出版一本《年輕與年長者的明確事實：支撐有機生活保健的自然歷史》，書種列出三十九種因自慰和性交等縱慾行為會引起的疾病，包括暗瘡、癲癇、關節僵硬、發育不良、心悸、體弱等等。佳樂氏醫生自己就是個說到做到的男人，身體力行的他堅持無性主義，遠離這項口中的萬惡之源，結婚多年都和妻子分房睡，所有孩子都是領養來的。

深知人性弱點的佳樂氏醫生，深知世人不是都能像他這麼意志堅決，來抗拒誘惑，所以為拯救眾生，他認為除了規律正常的苦行僧式的生活習慣之外，也可以透過外在的助力來輔助，應該要有一種讓人食用後，不會激起任何性慾的食物來做為救贖，於是他找來弟弟威廉・佳樂氏合夥開起食品公司，他們在十九世紀初期製出玉米片，標榜這是種健康、即食、吃了之後能夠慾火全消，澈底入定到清心寡慾的早餐。

有醫學背景的哥哥與弟弟研發這項食品後，將其提供給自己經營的療養院裡讓眾人試食，結果大獲好評，為拯救更多身陷俗世情慾糾纏的苦惱眾生，佳樂氏兄弟將這種食物推出市場，然而比較懂消費者心理的弟弟，為了迎合世俗的口味，決意加入糖分，這讓心痛的哥哥憤而退股，不過不以成敗論英雄，這個偏甜口味的玉米片可能沒有天然去勢的功能，不過還是成為佳樂氏玉米片最受歡迎的中流砥柱。

畢竟沒經過中華文化薰陶，佳樂氏醫生沒能體會孔老夫子「食色性也」的諄諄教誨，實為非戰之罪。

VOLVO汽車背後的「V」故事

波林是瑞典富豪（Volve）汽車的首席安全工程師，同時也是「V型三點式安全帶」的專利發明人，他是在一九五八年加入該廠後，構思這個新設計並付諸實行，比起傳統兩點式安全帶固定點在乘客的臀部兩側，舊設計對於乘客上半身固定較差，而且煞車時乘客腰部以上部位會因慣性而劇烈前傾，這時安全帶對於腹部的束縛壓力過度集中，容易造成身體軟組織之傷害。

波林設計的安全帶，從肩部延至胸前斜下橫跨過胸口至臀部側邊扣入固定點，結合橫過腹部至臀部的伸縮帶，統統連結至座椅側邊靠近地板的固定點，整體呈現V字型（也可能是取富豪汽車的V字首，來巴結老闆）而得其名。這樣的設計可將乘客固定於座椅之上，而安全帶承受的作用力，則得以由V字型的兩側分散，而且單手就可以完成繫扣，在安全與懶惰中找到最實際的平衡。

一九五九年八月十三日，世界首輛V型三點式安全帶的富豪汽車出廠，這樣的堅持，讓該品牌與安全至上形象的連結更為緊密。雖然波林的雇主擁有此種安全帶的專利設計權，不過富豪汽車卻選擇公開讓所有汽車品牌都可以無償使用，他們認為這項發明可以保護更多人的生命，遠比單純拿來獲利還有價值。即便到後來富豪汽車因為經營不善極需資金挹注時，也仍堅持將這項劃時代的設計當作免費的公共財，時至今日三點式安全帶已經是遍布全球的車廠，也成為所有汽車的標準配備。根據美國的國家公路交通安全管理局的統計，光是美國一地，三點式安全帶每年拯救了約一萬五千條性命，而憑藉此發明拯救無數性命的波林，則繼續在富豪汽車工作至一九八五年，一九九九年被引薦入汽車名人堂。

你知道嗎？波林在加入富豪汽車前，曾經是瑞典紳寶國防工業的員工，紳寶本業是生產戰鬥機，波林當時專攻飛機彈跳射椅及其他飛行安全設備的性能提升，如果他老人家當初沒有加入講究安全的富豪而留在紳寶，說不定現在汽車的駕駛安全理念會有不同的視野，像保護飛行員一樣，將駕駛及乘客直接彈射出去，或許也是趨吉避凶的好選擇。

廁所中的貴婦
明星花露水

花露水的英文通稱是廁所水，從法文的「Eau de toilette」衍生而來，根據字典的解釋，是指一種味道較淡且不貴的香水，一般係將一八〇八年由紐約「Lanman & Kemp」公司在情人節推出的產品，視為花露水的始祖，當時稱為佛羅里達水，想來應該是想推銷萃取自熱帶花卉精神的意象，後因價格不貴，可以大量使用來維持洗手間的芳香，故得廁所水的通稱。傳入中國大概是在百年後的清末民初，當時開始逐漸掙脫傳統禮教束縛的女性，有了比較多的拋頭露面的社交場合，淡雅幽香的花露水不會太過張揚，就成為名媛貴婦的身分象徵。

第一罐中國製的花露水，是在一九〇七年（清光緒三十三年）問世的，由上海中西大藥房董事長周邦俊醫師參考《中華藥典》一書，以酒精加上玫瑰及茉莉等香精調配出來，一開始僅在百貨公司的化妝品部門少量鋪貨，直到一九二九年她的長女周文璣接手經營，創辦明星香水肥皂廠才正式進入量產。全盛期員工達數千人，年產量超過一千萬瓶，還在上海證券交易市場掛牌上市，不過這個企業在國共內戰中遭充公，周文璣以結束香港的業務為由，離開中國並帶著配方輾轉逃到臺灣，在臺灣成立明星化工股份有限公司重操舊業。

一九五〇年代的臺灣，可說是此種淡香水的戰國時代，除了在臺灣東山再起的明星花露水跟其他標榜來自上海的姊妹品，也有強調在地經營的臺灣本地品牌，諸如明月、精美麗娜、北海、金美等品牌予以抗衡，在臺耕耘許久的資生堂也有相近的日式產品。許多理髮店把價格平民化的花露水，添加在敷臉的熱毛巾上來招攬客人，甚至還有電影院及餐廳，乾脆遍灑全店寄望顧客聞香而來。

後來外國各式各樣的香水大舉入侵，挾者強勢的行銷資源與品牌優勢，加上花露水中高比例的酒精會造成皮膚的燒灼感，這項暱稱為阿嬤香水的產品逐漸不敵，到二〇一八年底，最後一家喊得出名號的老牌明星花露水，也因設備老舊而停產，後來雖有新加坡公司接手，然而賣點主要還是復古的回憶，無力扭轉既定的命運，花露水就步上淡出人們記憶的不歸路。

你知道嗎？另外一個李施德林生產的漱口水，最早功用並不是清除牙菌斑，在二十世紀中期他們家的藥水是消毒的恩物，因為拿來浸泡醫療器材殺菌非常方便，發覺能與口腔保健聯結純屬意外，透過美式企業的消費洗腦，李施德林今日已經是美國，甚至是地球上最多人購買的漱口水品牌。

任天堂是間成人影片公司？

任天堂是一家歷史非常悠久的百年娛樂產業公司，在一八八九年由山內房治郎於京都成立，一開始叫任天堂骨牌公司，主要生產銷售一種稱為「花札」的紙牌遊戲。他們在二戰後以生產迪士尼卡通形象的撲克牌，擴展了全球性的知名度，到一九六二年股票上市，隔年改名為任天堂株式會社，並開始試驗拓展其他業務領域，後來甚至成立了連鎖的愛情賓館，雖然還是不脫娛樂產業（？），不過任天堂還是以生產玩具及遊戲為主力，在一九六九年建立了專門遊戲的他們，後來終於找到公司的獲利方程式，現在已經是全球知名的電子遊戲主機與軟體開發商，同時名列世界遊戲機三強之一。

這家公司最膾炙人口的代表作，首推一九八五年發行的《超級瑪利歐兄弟》，這個全球狂銷四〇二四萬份（單以該年暱稱為「水管二代」的這款計算），遊戲是如此地深植人心，讓傳奇成人片男星傑若米在一九九三年，搭順風車以這為主角出演成人電影。當時任天堂當然採取法律行動企圖制止，但該片符合著作權法合理使用的範疇，所以任天堂只能直接把該片的發行權全部買下來，直到今日任天堂眾多智慧財產中，還包含著這部向超級瑪利兄弟致敬的成人影片，也將公司的營業範疇，拓展到各年齡層通吃的潛能。

專職水電工的人設，又是吃了蘑菇會變大的功能，加上兄弟檔聯手出擊，還補上拯救公主的闖關主題，這部成人電影雖然沒有公開上映過，但情節走向仍不難預測，雖然任天堂曾經營愛情賓館，涉足大人尋求快樂的領域，但他們還是想要鎖定在老少咸宜的家庭同歡的消費者多一些。

當年取名為任天堂，官方網站對其創辦人想法的解釋，是取「謀事在人，成事在天」的意向，期待他們在娛樂事業鏈的另一端光譜中另創高峰，敬任天堂不設限（其實十八歲以上才能看就是）的未來。

百事可樂曾是軍事強權？

一九五九年的夏天，美國在莫斯科舉辦了場「美國展」，會場中介紹了美國各種的產品及公司，包括了迪士尼、ＩＢＭ電腦以及百事可樂等等。

唐納．Ｍ．肯德爾，當時百事可樂的國際部行銷總裁，知道與會的最高層級是當時還是副總統的尼克森，而蘇聯的最高領導人赫魯雪夫也會到場。唐納請尼克森一定要讓赫魯雪夫喝一杯百事可樂，而尼克森做到了。

根據赫魯雪夫兒子的形容，當時一起飲用的蘇聯軍官，覺得百事可樂聞起來很像鞋油，但是對這個味道印象深刻，餘味甚至持續到整個會展結束。

這成為當時最紅的活廣告，那後來呢？唐納六年後成為百事可樂的執行長，並且成功的抓住蘇聯市場，成為一九七二年到一九八八年獨家的可樂供應商。

一九九〇年，百事可樂跟蘇聯簽了張更大、價值三百億美元的合約。百事想順勢把旗下另一品牌「必勝客」一舉推銷，成為稱霸蘇聯的飲食集團。

Pepsi

無奈一九九一年就遇到了蘇聯解體，這張世紀大合約隨即瓦解。從原本只要跟蘇聯談生意，瞬間要對付分崩離析的各個新國度：運輸船是烏克蘭做的，必勝客需要的起司要從立陶宛進口，百事可樂改成的塑膠瓶的原料，又要跟白俄羅斯談……

百事可樂力挽狂瀾地把訂單拼湊起來，發現想把整個飲食架構穩住，竟然是個橫跨十五國的貿易體系。一九八九年時，蘇聯跟百事可利簽署了協議，繼續進口百事可樂的濃縮原漿，但盧布又非國際通行貨幣。蘇聯決定用以物易物的方式來履約，百事可樂同意接收十七艘舊潛艇、一艘護衛艦、一艘巡洋艦以及一艘驅逐艦。

所以曾經有短暫的一段時間，百事可樂成為全球軍事強權之一（雖然事後這些艦艇都被當廢鐵賣了）。當時的百事可樂總裁唐納，曾跟美國國家安全顧問開過一個玩笑：「我們解除蘇聯武裝的速度，可比美國老大哥快多了。」

事後唐納也在這個時間點安全下莊，順勢退休。

火上加油：可口可樂趁機進攻解體後的蘇聯，短短幾年，就成為俄羅斯最受歡迎的可樂品牌。二〇一三年，普希金廣場大大的百事標誌被撤了下來，象徵百事的時代結束。

早知如此，百事可樂當年是否乾脆運用拿到的軍艦，直接用武力來幹掉可口可樂會比較快？

一百年前就有串流音樂了？

「電傳簧風琴」，是紐約律師泰岱斯・卡希爾發明的一種電子琴，能將聲音轉變成電信訊號，透過電話播放。

一八九七年他靈機一動，將其轉換成一種商業模式：紐約地區的居民，如果想聽音樂，電話可以撥打「二四」，直接收聽由電傳簧風琴彈奏的音樂，當時的收費是一個小時兩角，先當於今日的五美元。

經營上比Spotify更方便的是，不須支付龐大的版權費，及對付那些愛共享帳號的蟑螂們，對，我說的就是你們。

泰岱斯・卡希爾共製作了三個電子琴，「馬克一號」有七噸重，但是「馬克二號」跟「馬克三號」重達兩百噸！演奏的工作室位於紐約三十九街跟百老匯的交岔處，但是琴一擺進去，整個房間就塞滿了。

電傳簧風琴自發明後大概紅了十幾年，由於其體型實在太大，加上樂器本身也需要消耗大量的電力，才能產生足夠強的音頻訊號，造成推廣上的困難。而且當時電信技術不佳，音樂播放的同時，常常會發生其他電話用戶閒話家常介入的干擾。人們在一九一二年開始對這個服務失去興趣，卡希爾的公司也在一九一四年，宣布這項業務不再繼續。

但電傳簧風琴卻也為後世帶來舉足輕重的影響，造就了電子樂的發展，美國工程師勞倫斯．漢蒙德發明的下一代產品「電子管風琴」，具備了體型小及音質佳等特性，之後更使用同樣原理，做出各種合成的琴聲，為後來的音樂注入新的變化。

所以在大家盡情受這些酷炫節奏現代電子樂的同時，別忘了當初為大家在聽覺上帶來革命的是，連進房間都很困難，二百多噸重的電傳簧風琴。

借錢借到自己破產的喬治與瑪莉

一九一一年六月二十二日，英國王室的喬治五世和瑪莉王后於西敏寺完成加冕，適逢國力強盛的高峰，這一王一后見證了大英帝國的榮耀時刻，一九二二年轄下的土地，占全球土地面積的二二．五％，統領的人口，則達到全球的五分之一。

為紀念喬治與瑪莉在位的光榮歲月，同為島國的臺灣選擇在一九九九年七月，也就是英國失去亞洲最後一個殖民地香港的兩年後，來延續餘暉，推出本地第一張現金卡，沒錯，就叫做「喬治瑪莉現金卡」。

英文名稱為「George & Mary」，是以臺語「借錢免利」的諧音來取名，據說當時萬泰銀行董事長許勝發，前往日本考察時得到的靈感，他將這靠小額信貸放款業務的獲利模式，引進臺灣。

雖然看似跟英國的金融無關，而且當年的代言人潘瑋柏與張惠春（Saya），既不是喬治，也不是瑪莉，但「喬治瑪莉現金卡」相信還是隱含向英國喬治國王與瑪莉王后致敬的成分，畢竟很多銀行都是選在六月二十二日左右，結算上半年的利息，不可能這麼巧。

你知道嗎？另外公推臺北最具異國風情，天母兩家歷史悠久的老店，剛好就是「喬治皮鞋」與「茉莉小吃店」（英文：Mary's Dinner），而這兩家店都比較喜歡收現金。

ＢＭＷ充滿機械肌肉味的歷史

德國車壇雙雄賓士與ＢＭＷ的良性競爭，一直讓人津津樂道，較資深的賓士曾在ＢＭＷ生日時，獻上惺惺相惜的祝福，內容是說在足以相提並論的ＢＭＷ出現前，賓士在車壇的一枝獨秀其實很寂寞，這個讚賞對手也捧了自己的廣告很成功，不過事實上，這個臺灣人暱稱雙Ｂ兩大車廠間的對打歷史，並沒有彼此間自吹自擂來得久。

ＢＭＷ的正式名稱為「巴伐利亞引擎製造廠股份有限公司」（Bayerische Motoren Werke Aktiengesellschaft），那個藍白相間的標誌，就是取材於該地的邦徽。一九一三年公司創立時，他們製造的是航空用引擎，時值第一次世界大戰期間，身為軍需供應廠商的ＢＭＷ，便持續地替軍方製造軍機引擎。到大戰結束，根據《凡爾賽條約》的規定，德國境內禁止製造飛機，迫使ＢＭＷ轉為製造火車煞車與本業毫無相涉的鍋爐，然而這樣的度小月並沒有維持很久，他們還是回到技術本位的引擎製造，在一九二〇年開始跨出造車的第一步，不過是從兩輪的摩托車開始就是了。

一九二〇年BMW的第一具機車用引擎「M2B15」開始量產，三年後膾炙人口的「R32型」機車問世，有別於之前幾款採用鏈條傳動的設計，這是第一輛採用軸傳動且搭載了水平對臥二缸引擎的BMW機車，並首次啟用了代表巴伐利亞邦的藍白方格旗廠徽，廠家與速度及操控性的連結形象，越來越深植人心。

BMW之後合併了英國奧斯丁在德國生產七種車款的工廠，並掛上「迪克」的品牌，靠著混血車打響了名號，直到一九三二年第一輛自製的汽車產品問世。

然而改變命運當推一九三三年登場的「BMW303」，這款車除了是首款自家搭載直列六缸引擎的汽車，也首度在車頭採用了著名的雙腎水箱護柵造型，雙腎的比例與大小多經修改，但基本的造型基調，卻一直到今日都沒有改變過。

在專業車輛測試中，BMW能維持傑出的動力輸出，底盤操控性評價也常比同級車傑出，讓他們在後來被公認與賓士並駕齊驅，不過認真算起來，兩家百年老店在四輪的競爭其實不到一個世紀。

你知道嗎？臺灣BMW以「五系列」最暢銷，原因推測是消費族群以熟男為訴求對象，夾在熱情奔放的「三系列」（小三？）與沉穩大器的「大七系列」（妻？）中左右為難而難以抉擇的雄性，最後只能選忠於自我的「五系列」。

把空氣包裝起來就能賺大錢

這不是在虧以保鮮為由，在包裝中填充大量空氣騙錢的洋芋片公司，而是指在一九五七年發明的氣泡布。那是從幼童用的塑膠游泳池得到的概念，最早是計畫拿來當裝飾房間的立體壁紙，不過這個充氣顆粒造型，不符合裝潢的美學只好另謀出路，因具阻隔熱對流的效能而打算轉為溫室的建材，然又因為透光度沒那麼優秀而不成功，不過發明人之一的費爾汀，還是看好這個技術的未來，他成立希悅爾公司並申請了專利及註冊商標，結果這個表面布滿小氣泡的塑膠包裝材料，因為能有效緩衝，用來包裝易碎或不耐衝擊物品的做法，卻意外大獲好評，目前幾乎已經在包裝界獨占鰲頭。

除了在包裝市場闖出一片天，這個無心插柳卻成蔭的商品，還開拓了另一個藍海市場。拆完貨品後殘留的氣泡紙，對主婦來說，是一項非常適合殺時間的療癒小物，一邊看著電視上重播的節目，一邊動動手指把廠商細心封進薄膜中的空氣擠出來，氣泡布表面上規律整齊的排列不需再去動腦，就反覆讓封膜破裂時氣體與大氣接觸時的爆響與自己做伴，這樣機械性的動作，不知道撫慰排遣了多少主婦獨自在家寂寞的午後。

按氣泡布的消遣可謂是老少咸宜，甚至有玩具生產商把小塊的氣泡布當作玩具出售，擁有這專利的希悅爾公司，將每年一月最後一週的星期一，訂為「氣泡薄膜感謝日」，不難想像那一天，有多少密封的空氣以慶祝的名義被釋放出來。

你知道嗎？包裝時應該把氣泡突起面向內還是向外，長久以來總是爭論不休，實際上無論用任何一面，其效果都是相同的，除非是博物館及美術館包裝收藏品時才需要考量正反面，如要僅以氣泡布包裹藝術品，記得以塑膠面接觸藏品，把氣泡朝外，這是為了避免氣泡因長時間包裝，或外在環境因素導致塑膠材老化消氣，有可能會在收藏品上留有氣泡的印記。如果需要長時間包裝或收存藏品，盡量是不要用氣泡布來包裝，換以無酸材料的包材處理比較合適，反正不用的氣泡布隨時都不愁沒有作用，本來就是送禮自用兩相宜。

第五章

那些
很有事的
酒肉飯事

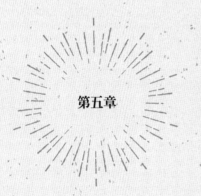

凡事講究的英國，為何對食物不講究？

法國人最喜歡嘲笑英國人的烹飪技能，最常掛在他們嘴邊的一句話是：「所有人都知道牛在英國就是會被宰兩次，第一次是在屠解過程取其性命，第二次就是在烹調時再以拙劣的廚藝褻瀆，徹底奪其尊嚴。」

大家都知道英國人的食物，並不若他們的研究那麼享譽國際，這個國家還從維多利亞時期就這樣教育孩子，英國人自古就普遍相信難吃又乏味的食物，才是對靈魂最好的滋養，這可是自幼就開始灌輸的觀念，傳統的育兒指南是這樣建議的：「離乳食應該要單調且難吃，為了心靈健康，必須給孩子身體討厭的食物。」為此美食從來都不是現今驕傲的大不列顛子民追求的目標，對英國人來說，從嘴巴出去的東西，像是睿智的嘲諷與刻薄的訕笑，價值要遠高於送進嘴裡的輸入。

Google 一下英國的代表性美食，即便有全球搜尋引擎龍頭的助力，還是只能公推就連氣炸鍋都可以輕易駕馭的炸魚和薯條，在料理難度上，可能僅勝過泡麵及冷凍食品加熱，難怪英國人在食物論戰中總是淪為落水狗。

你知道嗎？英國伊莉莎白一世即位後，對宗教進行許多改革，重新建立其父亨利八世主導的英國國教，並摒棄了天主教星期五不准吃肉，改吃魚的齋戒。

英國人為了力挺王室而身體力行，後來甚至簡化成「不吃魚」，且用來形容忠於政府的人，連英國少數可以吃的東西都能捨棄，他們真的很愛戴自家王室。

為了確保龍體安康，其實英國王室成員還不太怎麼食用蝦蟹等貝殼類海鮮，這是為了避免過敏和食物中毒。

已逝的伊莉莎白女王也不吃大蒜，這個氣味強烈的食材，甚至禁止在白金漢宮出現，推測是為了防止女王打嗝時有大蒜味道，有損大英國協的光榮，應該不是皇家專屬的任性與挑食。

被義大利人仇視的夏威夷披薩

在很多嚴守傳統並講究美食的正宗義大利人心目中，夏威夷披薩簡直就是邪魔歪道，虔誠的他們一輩子都在懷疑，到底上帝怎麼會允許人類把鳳梨放到麵餅上的？這根本就是對淵遠流長地中海飲食文化的宣戰。

在神聖的披薩信仰裡，只有出身那不勒斯才是正統，就連威尼斯的風味都算偏門，而最正統中的最純粹就屬「瑪格麗特披薩」，這種簡單將番茄、羅勒和莫扎瑞拉起司的搭配，就是義大利人心目中的最終救贖，所有餅皮都是手工搓揉出來的，烤爐則是以磚砌，用上柴火把溫度加到攝氏四百度以上，這種嚴謹的製作過程，可是已經列入聯合國的世界遺產名單中。

然而讓義大利人深惡痛絕的夏威夷披薩，其實據說是加拿大人潘諾普羅斯發明的，他是受到美式中華料理時常混合甜與酸的元素啟發，才做出這樣的嘗試，會取這個名字，是因為夏威夷曾擁有全球最大片的鳳梨園，最初把這項熱帶水果加進披

薩的想法並不受歡迎，但不久後便為當地人所接受並擴及世界各地，潘諾普羅斯是從希臘來的移民，在各族共榮共生的北美可能還不致於引起劇烈反彈，但重視傳統的義大利人絕對嚥不下這口氣的。

德國人則認為夏威夷披薩，是夏威夷吐司的一種變型，是由德國電視廚師在一九五〇年代發明的一種外餡三明治，餡料包括火腿、起司與鳳梨。德國人幹啥來淌這個混水不得而知，也許是在二次世界大戰時，同為軸心國戰友卻被拖累的舊恨難消，另外就是夏威夷的古稱為「三明治群島」，雖然夏威夷跟這項食品也沒什麼連結，但能把添加鳳梨的暗黑料理手法，用來褻瀆義大利出口氣，也沒什麼不好就是了。

不過話說回來，在一四九二年後的「哥倫布大交換」（哥倫布首航到美洲大陸，引發東半球與西半球之間生物、農作物、人種、文化、傳染病、甚至思想觀念等生態上的巨大轉變）發生前，義大利可是連番茄都沒有，給他們一些時間，也許五百年後也會誓死捍衛夏威夷披薩。

你知道嗎？臺式波蘿麵包的命名來自於香港，古早粵語文化圈將鳳梨稱為番波蘿蜜，後來簡化為波蘿，香港人是因為其酥皮外表相似鳳梨而取此名，在東瀛則一樣循相同邏輯，依外型命名哈密瓜麵包，臺灣則沿用其音，不取鳳梨或旺來的原意，現在反而照約定俗成，替這項國民食品直翻取了「Boroh」的洋名回銷國外。

魔鬼的飲料——咖啡

「咖啡」（Coffee）一詞源於阿拉伯語「gahwah」，意思是植物飲料。

咖啡豆的原生種起源於非洲，何時被人類拿來加工飲用的歷史已經不可考，唯一確定的是，咖啡在十三世紀時，透過衣索比亞與葉門的戰爭引進了阿拉伯的世界，因為伊斯蘭教的戒律禁止教徒飲酒，有些宗教領袖認為，一樣會讓人興奮的咖啡違反教義還曾一度被禁止，但後來咖啡豆的種植與烹煮的方法，還是被阿拉伯人不斷地改進發揚光大。

熱潮蔓延到歐洲，也是由此開始外溢的，畢竟生活在中世紀的苦悶人類，需要一些生活中的刺激，這項具有異國風情的奢侈品，開始在商業主導的威尼斯上流社會中流通。一位荷蘭籍威尼斯商人看準這個商機，輔以自己在土耳其居住期間對咖啡製作的熟悉，於是一六二九年在威尼斯，開設了全歐洲第一家的咖啡廳。

這項能提神又能讓人亢奮飲品，剛問市時以「伊斯蘭酒」的名義來推銷，帶者這樣的宗教色彩，讓教廷人士很不放心，不過當時主事的頭頭教宗克萊孟八世，不顧其他主教的反對，決定試試這個「魔鬼的飲料」，沒想到一喝就上癮，這位認為咖啡很美味的老人家甚至硬凹，說咖啡如果真的是魔鬼的飲料，就應該替它施洗、祝福，以驅逐魔鬼。

透過教宗的賜福，咖啡風行席捲歐洲成為沒有辦法阻擋的趨勢，後來人類發現在美洲的風土條件下，似乎更適合種植咖啡豆，不足的人力缺口再由非洲進口的奴隸來遞補，有了這般不對等的本錢來量產，隨著接下來的大航海時代，咖啡開始傳遍世界各地，到了現在由信奉資本主義的星巴克接棒主導行銷，這項飲料已經在這個星球上完全制霸，完成超越了文化、國家、宗教及語言等人為的界線。

咖啡雖然熱賣，然種植的農民仍多數處於被剝削不對等的狀態，付出勞力的第一線農民，並沒有因此跟著雞犬升天。部分已開發國家發起穩定咖啡市場的機制，試圖透過公平交易的精神，將利潤回饋給農民們，然而面對家大業大的跨國企業，可能還是需要教宗及其他宗教領袖的祝福，才會比較有勝算。

左宗棠雞和李鴻章雜碎

中式料理很喜歡攀親帶故，像是清末名將左宗棠是湖南人，當年有湘菜廚神之稱，後來彭園湘菜餐廳集團的創辦人彭長貴，在臺灣招待外賓時就借用這位同鄉前輩的名號，他將雞肉切塊醃製，上漿掛粉後先炸再炒，而發明了「左宗棠雞」這道創意料理。

後來彭長貴赴美開彭園餐廳，這道並非傳統湘菜的左宗棠雞，受到政要季辛吉的喜愛，美國廣播公司為這件事還做了個特別節目，並於數天內接到近千封觀眾來信索取食譜，此後美國各地中菜館紛紛推出這道菜，不要說正統的湘菜裡沒有左宗棠雞這種不湘（湖南）不鄂（湖北）的料理，美國版不中不西的口味，甚至連原創彭長貴都無法忍受，在美利堅的左宗棠雞主要特徵是偏甜，而湖南人根本是吃辣的好嗎？

二〇〇三年，熱愛研究的《英國廣播公司》主持人登祿普前往湖南考察半年，收集各餐館菜單，發現當地根本沒有人聽過這道菜，亦沒有在販售。《紐約時報》記者也曾前往湖南考證，同樣也發現當地沒人聽過左宗棠雞。其實正宗催生者彭長貴，自己也曾經嘗試在湖南長沙開設彭園餐廳，但這個以料理反攻大陸的舉動並不成功，他的餐廳也很快就結束營業了。

至於另一個掛著名人名號招搖撞騙的「李鴻章雜碎」就不太一樣，「雜碎」這個做法，早就存在於美國的中式餐館，據稱是李鴻章在一八九六年訪美成為舉國矚目的焦點時，不肖的餐館老闆便借李鴻章之名，成功進行了一次捆綁式的廣告行銷，從而誕生了著名的「李鴻章雜碎」。

我個人覺得這道菜名頗有酸李鴻章的意涵，但我沒有證據。

毋忘在莒的金門高粱

相傳在夏朝年間，善於造酒的儀狄，將高粱酒這種甘露進獻給大禹，君王飲了之後雖然龍顏大悅，但擔心後世之人必有放縱於酒以致亡國者，於是疏遠這個拍錯馬屁的造酒宗師，從此不再覲見。

聖人的考慮就是這麼周密細微而長遠，大禹不鼓勵臣子與子民飲酒，通常只用於祭祀，最多用於宴請賓客，但不能無度，推測當年讓他老人家這麼有所覺悟，應該就是以黃土高原的恩賜高粱所釀出來的酒。

高粱健脾胃，同時可以幫助消化，而且加在中國菜中，辛香辣中還能品味到其香氣，故一直很受歡迎。金門的風土條件與黃土高原差異很大，不過由於該處水質極佳，所以從金酒的初代九龍江酒廠釀出的成品開始，金門高粱就一直是很多老饕的首選，這幾十年爆炸性成長，廣受歡迎則另有故事。

據說某次金門某軍營用餐後，把剩菜跟高粱殘酒倒在一起，隔天清理廚餘時卻赫然發現泡在液體中的軟爛麵條，全部都雄赳赳氣昂昂地站了起來。這樣的異象，讓金門高粱可以讓缺乏元氣的管狀物重振雄風的聯想，因此不脛而走，讓不少上了年紀又不服老的中年男子，燃起了一絲希望，這酒瞬時就變得洛陽紙貴，供不應求。

後來民間也開始流傳一些荒誕不經的鄉野奇譚，譬如說三十八度跟五十八度，其實都是指高粱酒的酒精濃度，卻有很多毋忘在莒（無望再舉）的半百老翁（至少某些部位是老了），堅信那是喝了以後會出現的仰角，這種說法不需要社會歷練也知道有多無稽，所以說當男性的血液集中到特定部位後，腦部的確會因為供血不足而降低思考效能。或者是說人在絕望的時候，無論是多麼沒根據的說法，也會全盤接受。

當然，這些也是我聽朋友說的。

女人的嘆息——香檳

「水的存在，不是為了拿來喝的。為了使它變得能喝，我們不得不加點威士忌，在諸多努力之後，我總算學會喜歡上它。」

這是曾任英國首相的邱吉爾對喝水的見解，學會喜歡這種混合喝法後的他，持續調整比例，不過水的比例越來越低就是了。

但邱吉爾最喜愛的，並不是拿來讓水變好喝的威士忌，他真心愛的是法國名為「保羅傑」的香檳，而且每天兩瓶起跳（當時的香檳一瓶是半公升，他光香檳就占了全天建議攝取水分的一半），數十年如一日，喝到成為保羅傑的頭號貴賓，他們家目前最頂級年份的香檳，就是以他老人家的爵士名號來命名。

邱吉爾是一個以愛國心著稱的英國人，會對世仇的法式驕傲這麼沒有抗拒力，其實不能怪他，首先這傢伙憎恨水的無色無味不是祕密，而邱吉爾在雪茄之外，的確需要比茶跟咖啡更夠勁的酒精，來應付如麻的國事，反正威士忌也是發源自長久以來就不對盤想獨立的蘇格蘭，既然不講究味覺的英國夥伴也真的不擅長造酒，豁出去的他，乾脆為忠於自己的品味做出妥協。

香檳的起源推測是西元五世紀，羅馬人當時在香檳區種葡萄，他們對於勃艮地的製酒工藝很欽佩，但香檳區的風土條件不同，種出來的葡萄雖果酸怡人，但因成熟度較遜色，成品糖分較低的酒體也相較輕薄，後來製酒的僧侶透過添加糖分及再發酵的改良，意外弄出甜度偏高的氣泡酒，由於更為順口，而且開瓶時酒體與氣體一起噴發很有慶祝的意味，所以常在慶功場合大量使用，事實上正統的香檳打開時應該只有細小的聲音，這優雅的微響，被稱為「愛的密語」或「女人的嘆息」，而不是巨大的碰的一聲，此等不登大雅之堂的粗野呻吟。

根據歐盟的法律，全世界的香檳酒，只有法國那一小塊香檳產區的產品，才能命此名，不但是法國香檳區限定的壟斷，還要按照指定的古法釀造，必須是氣泡酒的類型，才能算是真正的香檳酒，其餘產區不對、製法不正、氣泡不夠的酒均稱不上正宗。

俄羅斯總統普丁在二〇二一年反其道而行，片面頒布法令，宣稱只有俄羅斯產的氣泡酒才能叫香檳，香檳區產的香檳酒到俄羅斯，反而必須改名字才能販售。不過法國的香檳委員傲慢地回應，俄羅斯人從沙皇時代開始，就一直是正牌香檳的忠實客戶，想怎麼稱呼無所謂，但愛喝酒的戰鬥民族，千萬別搞錯哪個才是正宗。

從海軍起源的日式咖哩飯

「日式咖哩飯」是將白米淋上咖哩一起食用的料理，在該國的團體生活中，包含各級學校、軍警單位及公司團膳中，都是名列前茅的選擇，更是被視為國民食物而廣受歡迎，而這個印度來的舶來品，是怎麼贏得扶桑子民的愛戴？

這要從明治維新談起，日本現代化的海軍，是在英國指導下建立的，因為盛產咖哩的印度曾是英國的殖民地，英國海軍一直靠咖哩補充維生素C來預防敗血症。他們一手培育出來日本海軍，也承襲這項傳統而發揚光大，目前日本海上自衛隊將每星期五訂為咖哩日，各艘艦艇都有獨家「自慢」的祕製咖哩食譜，以「艦艇編號＋超級咖哩」的方式命名，代代相傳。雖然各艦之間咖哩的味道不同，但每種咖哩不因各代艦長或船員的喜好改變，甚至駐紮地方換了也一樣，重傳統的日本人在味道上很堅持，在日本西部建軍的船艦就算移防東京灣，船上供應的咖哩，仍維持其清淡的關西風而不入境隨俗。

一七七二年咖哩由印度傳到英國，對食物沒那麼講究的英國人，不怎麼專注在調配香料，而多採速成咖哩粉的方式替代，並藉著蘋果和麵粉添加甜味和濃稠度，日本接觸到的時，已經是這種便利版的英式咖哩，而大和民族也因此把發源在南洋的咖哩，視為歐洲料理多一些，透過海軍的口耳相傳，日本人開始對這洋食產生興趣。

一開始在日本銷售的英商「克羅斯和布萊克威爾」的咖哩粉並不便宜，到了一九〇三年，大阪今村彌藥房自行研發製造出了平價的相同產品，配合當時跟咖哩較對味西洋蔬菜大規模引進的時空環境，這個以印度為基礎、幾分英國、些許法國（最早是把青蛙加進咖哩烹調的法式風格），然基本上還是和製為主的日本咖哩，在明治時代末期終於確立。

二次世界大戰結束後，日本因為糧食極度匱乏，此時印度向日本援助了七噸香料，促使日本中小學校供應咖哩作為午餐。一九四八年四月，在東京的部分學校開始實驗，大獲好評之後擴大至日本全國。這時國內的食品生產商也沒停下研發的腳步，先在五〇年代開始推出更便利的即溶咖哩塊，到六〇年代甚至出現獨創的即食包裝咖哩，到後來幾乎所有的便利商店及連鎖食堂都開始加入販售，咖哩飯也從公共團體生活滲透到一般家庭。

日本曾經在西化的過程中，大力推動以小麥為主導的膳食，出發點是改善日本人因以米飯為主食而身體貧弱的疑慮，他們鼓勵下一代的學生食用麵包並限制少吃米飯，但咖哩飯則不受此限，所以是很多嗜米族的救贖。

據說首位接觸咖哩飯的日本人，是物理學者山川健次郎，因為在他的日記中有描述。在他赴美留學的船上吃到，據說這個咖哩初體驗，最後是以吃掉沒沾上咖哩的白飯做收，他形容咖哩是「有著奇怪臭味的醬汁」。

你知道嗎？根據英國《鏡報》引述南亞研究專家芙蘿絲所說，其實在南亞的任何一種語言中，都沒有「curry」（咖哩）這個詞，她推測可能是英國人不了解該地語言，把泰米爾語中的「kari」拿來用而將錯就錯。在泰米爾語中，「kari」是配菜的意思，但在十七世紀（現在也是）太講究吃的英國人的眼中，應該都差不多。

我對英國人的食物沒有敬意，不過說到研究，真的只能服了他們。

奴隸和囚犯只能龍蝦吃到飽

「龍蝦」（Lobster）的詞源，是古英語中的「蜘蛛」（Loppe），古早人們又稱之為「海蟑螂」，這兩個貶抑意義居多的詞彙，皆來自龍蝦不討喜的外型。

當英國來的新移民移居到美洲大陸時，看到海岸邊淹腳目的龍蝦數量，壓根沒有吃到飽的打算，這種又醜又怪的生物，在大西洋那一頭的家鄉不是沒看過，但看起來就是不好吃，即使新大陸的生活條件艱辛，這群苦哈哈的外來客，還是不願意靠這種看來很瞎的食物過活。後來慶祝活過新環境嚴苛考驗的感恩節，主菜還是以北美原生種的火雞為主題，而不會把引發鄉愁的龍蝦擺上桌。

火雞雖然英文被稱為土耳其雞（Turkey），不過那個是歐洲人把由土耳其進口，其實來自馬達加斯加的珍珠雞弄混所致，火雞是貨真價實發源於美洲大陸的生物。至於被大家慣稱的「波士頓龍蝦」則是來自美國的緬因州，只是過往是藉由波士頓運送至他地，才被誤稱為該名，而且來自緬因的龍蝦，其實隸屬螯蝦科，而不

9527

是龍蝦科，只不過緬因州龍蝦的捕撈，已經是新英格蘭地區舉足輕重的產業，現在才要來正名機會渺茫，「緬因螯蝦」聽起來就不夠威。

十九世紀前的美國，龍蝦一直是給囚犯和奴隸吃的食物，或是用來做魚餌，甚至還曾因為一直拿龍蝦打發奴隸三餐而引發生暴動，最後殖民政府被迫簽署法令，餵食龍蝦這種不登大雅之堂的食物不是不行，然基於人權再省一週也不能超過三次。此外有些宗教教派仍然遵守猶太飲食條例，不食用蝦蟹等甲殼類等不潔淨的食物，所以在之前龍蝦被視為便宜的蛋白質來源，大多以可以保存較久的罐頭模式流通，直到一九三八年諾貝爾獎得主肯恩，於龍蝦體內發現蝦紅素，有這項據稱是抗老化聖品的元素背書，龍蝦總算迎來另一個春天，撥雲見日成為受歡迎的海鮮。

臺灣現在婚宴上幾乎都會吃到龍蝦，就是勉勵新人婚姻需要相互體諒與妥協，甚至是偶發性的失能來經營，適時的充耳不聞與視而不見，這般選擇性的又聾又瞎才是婚姻長久的不二法門。之後的結婚紀念日通常也會以吃龍蝦方式來慶祝，而且一定是半隻，不是為了省錢，而是提點夫妻之間不是無差別的完全包容，因為婚姻的真諦就是適時半聾半瞎，但又不至於全聾全瞎，對另一半還是睜一隻眼閉一隻眼，話講一半就好，這樣的經驗（血淚？）之談真的要聽進去。

三分之一與四分之一的漢堡戰爭

一九八〇年代，美國的漢堡連鎖店艾恩堡，曾推出更便宜的「三分之一磅漢堡」來跟麥當勞熱銷的「四分之一磅漢堡」來競爭，但最後失敗了，只能怪美國消費者數學邏輯太妙，因為他們普遍相信「四分之一」大於「三分之一」。

艾恩堡（A&W Restaurants）是美國的一個速食連鎖店，他們家以獨特風味的沙士而著名。這間於一九二一年在加州創立的速食業者，是第一個成功的加盟連鎖餐飲集團，公司名稱來自於創始人艾倫（Roy Allen）與萊特（Frank Wright）的姓氏首字母。艾恩堡目前被百勝集團所收購經營，也就是成為「必勝客」的兄弟了。

這個披薩界的大哥大，也常被美國人的數學邏輯搞得心很累，每每問客人單一披薩要切成六片還是八片，單純的消費者都會選擇前者，畢竟還是會擔心切多片會吃不完（？）不說，而且以單片披薩來說，「八分之一」又比「六分之一」更大了（神邏輯）。

艾恩堡曾在一九八六年被引進臺灣，當年在西門町商圈的成都路十二號開業。主打商品為熱狗、冰淇淋、艾恩堡沙士、炸雞與漢堡，並強調艾恩堡速食符合「新鮮」「天然」「營養」三特色。

但在幾年後退出咱們臺灣市場，目前本地已經絕跡，所以無法用來驗證臺灣人的數學能力。

制憲前的酒鬼們大群聚

一七八七年，為慶祝美國憲法完稿，跟著喬治・華盛頓一起出生入死的騎兵隊，在費城酒館替他們即將另有高就的帶頭大哥，舉行慶祝暨餞別會。

當晚的帳單有被留存下來，放浪形骸下，這五十五人的趴踢共喝了：

- 五十四瓶　馬德拉酒（葡萄牙餐前酒）
- 六十瓶　Claret（波爾多紅酒的英式說法）
- 八瓶　威士忌
- 二十二瓶　波特啤酒
- 八瓶　蘋果氣泡酒
- 十二瓶　啤酒
- 七大碗　水果潘趣酒

現場同歡的十六名樂師及工作人員，也喝了十六瓶波爾多、五瓶馬德烈及七碗潘趣酒。

帳單中還包含了，現今價值約三百美元的打破酒杯賠償費。這總共八十九英鎊四先令的帳單，大約是現在的一萬七千兩百五十美元，換算成臺幣約是五十萬元。

誰說國父不懂得開趴？

不過大家要設身處地還原當年的時空，要向那時強大的英國王室，勇敢的宣稱自己獨立的主權，沒有一些酒精的加持實在不容易。而首位簽名在《獨立宣言》的約翰．漢考克就是供應私酒的商人，當年起事的元老們，很常一起喝他家的馬德拉酒來壯膽（裝瘋），取暖之餘再靠佳釀的催化來開啟更多思緒，獲得不受限制的自由。

引述兩句開國元勳富蘭克林的話來呈現他們的信仰，他說：

「啤酒是神愛我們，並且想要我們快樂的證明。」

「葡萄酒中有智慧，啤酒中有自由，水中只有細菌。」

真是大智慧。

第六章

那些
很有事的
歷史

歐洲歷史閱讀指南

中世紀的歐洲史不用心看，會成為跨世紀的張飛打岳飛，當時的歐洲國王及貴族經常都有戰略性的攀親帶故與政治性的聯姻，這些人後代命名時常需要紀念及歌頌先祖，或是直接用過往的英雄稱呼來命名，以標註對這孩子的期許，但寓意深遠又具有好彩頭的名字其實也沒那麼多，大部分的王室成員就是那麼幾個慣用的名字，通常必須要用加上「幾世」來做區隔，可是這種所謂的第幾代，只有在自家的一脈相傳時才有意義，即便是加了幾世，不同家族中撞名的比率還是很高，所以會以標註出身地（或是受封地），不然就是用上家族姓氏，但有時還是因為聯姻跟收養的關係而不精準，最完整的作法是加上綽號或是封號，才是慣用的做法。

像是創立法蘭克王國的查理大帝，他那個沒那麼熱中打仗的兒子路易，就以「虔誠者路易」之名號流傳於世，再分別傳給「禿子查理」、「胖子查理」及「日耳曼人路易」這三個不成材的兒子，這些不肖子最後在誰也不服誰的情況下，簽署《凡爾登條約》三分法蘭克王國，也為後來那個並不神聖、又不羅馬、基本上根本算不上帝國的「神聖羅馬帝國」提供養分。

這三寶還有一個堂弟也叫做查理，就是「頭腦簡單的查理」，祖先打下的基業，就在後世這些路易們與查理們的聯手惡搞下，塵歸塵、土歸土。

查理大帝則是「矮子丕平」最年長的兒子，而法文中查理曼的「曼」字（-magne）是由拉丁語「偉大的」（magnus）演變而來，其實就是大帝的尊稱，這位早期法蘭克王國的國王，在臺灣常被誤翻為查理「曼」大帝，這樣就變成「查理大帝大帝」，或稱「查理曼曼」，有沒有感覺萌萌的？

查理大帝在位時除認真經營國家之外，對傳宗接代的天職也沒有偏廢，有四段婚姻及生有三位合法的兒子，但只有幼子「虔誠者路易」存活下來繼承他的帝國。雖然後來子孫不肖，不過不影響後人對查理大帝的懷念，撲克牌上的「紅心K」就是以他的肖像為藍圖，也就是撲克牌中的四個國王，唯一沒有留鬍子的那位。

陰錯陽差拆掉的柏林圍牆

一九八九年十一月七日夜間，東柏林執政黨官員蘇柏斯基，宣布即將放寬柏林圍牆的管制措施，但語無倫次的他講得實在太糟糕，聽起來就像是東德要無條件打開邊界，成千上萬的東柏林人就蜂擁到柏林圍牆的邊界處，而搞不清楚狀況的士兵面對人潮只好棄守開門，人為分隔的柏林市民終於重逢，當德國人以香檳、音樂和眼淚歡慶之際，這個超高效率的民族，當下就開始用工具，拆起了這座聳立二十八年的隔閡，雖然工程持續一陣子，然而基本上，將十一月八日當作柏林圍牆壽終正寢的紀念日。

這一天對德國人來說是很重要的日子，有「命運之日」的稱號，德國政府曾提議將此日定為德國的國定假日，然而遭到了許多團體的抗議，因為由希特勒主導的啤酒館政變和屠殺猶太人的水晶之夜，均發生在這個日子，包含希特勒自己也在該日出席啤酒館政變紀念活動時，差點被暗殺。

柏林這個納粹德國時代的首都，在二次世界大戰尾聲時由聯軍攜手解放，這個各據山頭的城市，被分割為俄國控制的東柏林與英美當家的西柏林，實質位在東德境內的西柏林的管轄權，並不隸屬於俄國撐腰的社會主義陣營，成為民眾叛逃到西方陣營的破口，東德後來以「UL 12.11 型支撐牆構件」為名築了這道柏林圍牆，其建築標準要求，可以抵擋衝過柵欄的車輛撞擊。

根據一九八九年統計，東德邊防軍正式編制共有一萬一千五百名士兵，五百名文職人員，共有五百六十七輛裝甲運兵車、四十八個大型榴彈發射器、四十八座反坦克炮、一百五十六輛裝甲車、兩千兩百九十五輛其他車輛，以及九百九十二隻獵犬，在某些風聲特別緊的日子，邊境部署的邊防軍會增加至兩千五百人。

當年守衛這座牆的軍力投資不斐，硬體本身也很德國級的一絲不苟，就是因此拆除了好一陣子才算大功告成。到現在仍不斷有掮客在販賣的圍牆碎片，然而都已經被不肖子孫盜賣到屍骨無存，而每個都保證是真品，但缺了（淘寶？）古董必備的 QR Code，也沒有「Berliner Mauer」（柏林圍牆的德語）的標註，消費者不太能放心下單。

兩邊收錢辦事的北海小英雄

在歐洲大航海時代之前，像維京人這麼擅長利用遠程海洋航行來掠奪的民族不多，而那個時代的歐洲國家，其實在自身的領地裡幾乎都是慘澹經營，合縱連橫所建立起來的親戚關係是很薄弱的，大家在陸地上就必須隨時枕戈待旦，哪有時間及資源來抵抗不知何時會出現的海盜掠奪？

為避免這種打帶跑的沿海滋擾，當時的歐洲領主通常都是付錢了事，這就是大家熟知保護費「丹麥錢」的起源。

後來這些北歐海盜的胃口越來越大，那些在地經營的歐洲國家實在不堪其擾，所以開始找已經在歐洲大陸落地生根的維京人，來抵抗仍在北海肆虐的同胞。

查理大帝的後代「禿子查理」就因此吃了大虧，當維京人開始沿著塞納河入侵巴黎之際，禿子查理付兩千磅白銀，給一位叫做「威蘭」的北歐人去抵抗外侮，結果因為籌錢時間太久，開價提升到五千磅，禿子查理咬牙湊出錢來買到威蘭的忠

誠，這個北歐人倒也盡責開始認真協助法蘭西人來抵抗自己的同胞。

由於軍容浩大，在塞納河畔打劫維生的維京人看苗頭不對，趕快付出六千磅的白銀來買生路，大家都知道威蘭收錢一定會辦事，結果這位兩邊都收錢，也都算是執行被委任工作的老兄，就在未損一兵一卒的情況下發了大財。

維京人很早就知道用腦袋追求財富的，看過《北海小英雄中》海盜頭子的愛子小威就知道，就跟「威」字輩的威蘭一樣威。

NBA歷史中的最大交易

「NBA」（美國職業籃球聯賽）是北美非常成功的職業運動，聯盟的元老「波士頓塞爾提克隊」有兩任的老闆都姓布朗，但這兩人非但沒有關係，而且評價天差地遠。

五〇年代就開始經營球隊的布朗老闆，重用「紅頭奧巴克」，創造了波士頓王朝的盛世，七〇年代接手的布朗老闆，則開革了同一人，而將這支具有光榮傳統的老牌勁旅打入谷底。

年輕的布朗雖常被塑造成紈褲子弟的形象，不過他是白手起家致富，他在一九六四年與一群投資者，花兩百萬美金，從創辦人桑德斯上校手中買下肯德基炸雞，經營到一九七一年，以兩億八千多萬美金的價格脫手，靠著這筆財富，布朗再投資NBA的敵對聯盟ABA的球隊，這次還是跟上校及肯德基有點關聯，買的是肯塔基上校隊，他在老闆任內做了不少干預球隊運作的決定，包括將名人堂人物伊索送走以省錢的措施。雖然爭議不斷，但是整體而言這支肯塔基上校隊，在ＡＢＡ算是經營得很成功，畢竟這支球隊參與了該聯盟所有賽季，而且保有不錯戰績。然一九七六年兩個聯盟合併時，當時解散的ＡＢＡ有四支球隊，付了三百萬美金的加盟金進入ＮＢＡ，布朗的肯塔基上校隊不在其中，除了當時合併時只收體質好的球隊，老闆不想付錢也是一大關鍵。

球隊被迫解散後，對職業籃球念念不忘的布朗還是不死心，他在一九七六年買下半隻水牛城勇士隊（現洛杉磯快艇隊），到了一九七七年再將創辦人史奈德剩下五〇％的股份也買過來，只是這位勇士隊的新任老闆只經營了一年，就又開始醞釀大交易。

多大的交易？就是ＮＢＡ歷史上最大的交易，這次可是兩支球隊的經營權互換。布朗把他的水牛城勇士隊賣給李濦，換回波士頓塞爾提克隊，別再提那些牽涉多少球員小鼻子小眼睛的交易，直接拿球團來梭哈才是做生意的氣魄。

《獨立宣言》背後發生什麼事？

包含富蘭克林在內的「五人小組」，是《獨立宣言》的作者，他們在一七七六年六月，聚集起草宣示美國與宗主國英國分道揚鑣的決心。

這份文件係由後來第三任總統傑佛遜獨立起草，並經過早一步當上總統的亞當斯審閱修改，富蘭克林一人即至少修訂其中四十八處，之後傑佛遜再謄錄一份修訂版，於一七七六年六月二十八日上呈大陸議會。

法蘭克林會這麼謹慎，從他的挖苦可以看出端倪：「我等而今務須生死與共，否則定遭各別處決。」（We must all now hang together, or we will all surely hang separately.）第一「hang」是指大家堅持在一起，第二個「hang」則為被吊死之意，輔以共同與分別的對比，富蘭克林的這個嘲諷相當高明，雖然當時僅有「Hang-Two」，據說之後演變成港人創立「Hang-Ten」服飾的靈感來源，但其真偽難辨就是了。

《獨立宣言》是要給時任英國國王喬治三世的最後通牒，所以文件上找了六個同名的喬治來簽名以壯聲勢，據說為了讓眼睛不太好的英國國王印象深刻，帶頭的約翰．漢考克，在宣言上留下碩大而華麗的花體簽名字樣來先聲奪人，也因此後來「John Hancock」，在美國也成為親筆簽名的代名詞。

宣言上的日期為一七七六年七月四日，後世都以為這就是正式的簽署日期，其實議會代表們，大多於將近一個月後的八月二日才簽署。除日期不太精準外，地點也不太正確，簽署時所有落款的代表都在場沒錯，但其實他們從未有在「杜倫巴爾」——那幅懸於美國國會山莊圓廳之名畫前拍攝的畫面，這幅畫常遭誤解為簽署《獨立宣言》的背景，但實為「五人起草小組」上呈其初稿所拍。

在費城的自由鐘也沒有為慶祝獨立而鳴響過，不要說是用以召集當地居民，於七月八日前往閱覽當時還沒簽完的宣言正本，甚至大鐘本身也不是因為這個歷史性的鳴響而破裂的，這個虛構的橋段來自喬治．利帕（又一個喬治）所著的兒童讀物《美國革命傳奇》，就是因為很有戲劇效果反而大家都深信不疑，其實自由鐘的意義，是於十九世紀早期，作為廢奴運動之象徵。

據說在獨立戰爭期間，共濟會在《獨立宣言》背面，用隱形墨水記錄了一筆巨大寶藏的相關線索，然而跟這份文件相關的資訊實在很難查證，有心深究的可以洽詢美國的國家檔案館，或者詢問電影《國家寶藏》的男主角尼古拉斯．凱吉。

球衣背號隱藏的豆知識

足球場上球衣背號通常對應球員的位置，大致來說一號是守門員，二到五號負責後衛，七、九及十一號主打前鋒，八及十號擔任中場。十號通常是隊上最尊榮的號碼，會保留給球隊的王牌或核心人物，畢竟中場球員本來就是攻防的核心，他可以指揮兩個半場的走位布陣，帶球推進組織攻勢，甚至自己帶頭衝鋒，因此球隊常會選擇十號做為場上的帶頭大哥。而隊上深受期待的新秀球員，通常會以二十號出賽，被視為下一個十號。

而巴西球員對二十四號的背號通常是敬謝不敏，原因來自曾在該國風行的下注賭博，遊戲中設計了動物來對應號碼，其中二十四號是叫做「Veado」的鹿，因為與葡萄牙文中對同性戀的稱呼「Viado」發音近似，是以巴西人根深柢固地將二十四號與同性戀連結。即便同性婚姻在巴西已經合法，然而在強調男性雄風的足球賽事中，球員仍避之惟恐不及，南美州的賽事規定球衣背號為一到三十，但僅有唯一講葡萄牙文的巴西有這困擾，一般二十四號會留給幾乎不上場的球員，通常是隊上的第三號門將，畢竟不需全場奔馳的守門員碰撞少，連二號門將上場都罕見，更別提只是登錄安心的第三替補。

至於在十九世紀就開打的美國職棒，早年球員不使用球衣背號，直到一九二九年洋基宣布開幕戰，才開始替球員編號。當時背號代表的意義是上場打擊的棒次，大家都熟知而熱愛的貝比魯斯就是第三棒，而四號背號與第四棒，則保留給一樣備受愛戴的紐約王子蓋瑞格專屬。

一直有謠傳這個作法，是洋基隊為了當家兩位臺柱魯斯與蓋瑞格量身訂做的行銷策略，藉以增加個人識別度。這個推測的可信度極高，然而衍生說洋基之所以使用條紋球衣，是為了讓當時身材已經走樣的魯斯看起來苗條點，就是無稽之談了，早在他老兄加入前洋基就是條紋軍團，而且實際上根本沒有顯瘦的衣服，不管深色、條紋、格菱都一樣，胖就是胖，穿什麼都沒差。

二次大戰以後電視轉播慢慢普及，觀眾發現要在螢幕上靠背號認出球員不太容易，於是球團又逐漸在背號後再加上球員姓名，不過資深球隊如洋基、紅襪跟巨人還是只印背號不印名字（因此例如王建民洋基球衣印有「Wang」的字樣，這種都不是正統的比賽球衣），這些老字號球隊在背號方面比較堅持，其中又以光榮滿載的洋基最為講究，他們認為號碼有傳承的意味，在蓋瑞格退休後，由狄馬喬接班，所以即便打擊棒次已經不再是背號設定的原意，身為球隊招牌人物的他，還是穿上了五號球衣。之後球隊的重心轉到下一代的頭牌曼托，不過對狄馬喬先前曾排擠自己，有著宿怨的他，不願穿接下來的六號，只短暫用過這個號碼的曼托，後來直接用七號，這個被跳過的六號，後來由很久之後接任教頭的托瑞拿去用。

你知道嗎？日本的甲子園高中棒球，是從一九三一年的第八屆，開始使用球衣號碼，排序都是從一號開始，一般都與防守位置號碼相對應，但不會繡上名字，這樣團隊比賽比較不會凸顯個人英雄主義，對不鼓勵個人強出頭的日本而言，更是落實。也因為沒有繡名字，打籃球的灌籃高手櫻木花道，才有辦法把原來給流川楓背號十號球衣直接搶過來。

格陵蘭和冰島名不符實？

在國家的名稱中，為了強調而置入「人民」或是「民主」之類的，往往都名不符其實，不過這種事關政治信仰與價值認定有關的，難免會流於各自表述的觀點，然而有些涉及大是大非立場的，還是不容和稀泥，像是「格陵蘭」這個領土有八○%被冰雪覆蓋的國家，還叫「綠地」（greenland）就過分了，這個國名是由丹麥語古語「Grønland」而來，其字面的意思，真的就是「綠色的土地」。

格陵蘭這片土地在發現時，就是一片蒼涼，根據北歐神話史詩的記載，紅鬍子艾瑞克在冰島殺了人而待不下去，被放逐的他，朝西北航行後在這個全球第一大島落腳，為吸引更多的同胞來耕耘這片土地，艾瑞克以該島南端峽灣夏天草地還勉強能存活的現象為名，用「綠地」這個華麗的名字，誘拐了四千名移民來一起拓荒，這群上當的苦主大都來自冰島，雖然以農業發展的角度來看，這兩個大小懸殊的島嶼都是不毛之地，不過名稱看起來比較吸引人的格陵蘭，顯然是更糟糕的選擇，受洋流庇蔭的冰島，還有溫和些的生活條件，所以早一步在該處生活的居民低調不願張揚，反而將這裡稱為讓人聞名生畏的「冰島」，對應起明顯廣告不實的格陵蘭，這兩處的住民都算不上光風霽月的坦誠，縱然出發點完全相反，最後取名字的做法倒是殊途同歸就是。

「雷克雅維克」是目前冰島最大的城市，這裡據說也是這個島首個建立的永久定居點，因地熱長年瀰漫著水汽而命名為「冒煙的海灣」，「雷克雅維克」就是這個意思。傳說當時的移民向索爾大神許願，他們從船上拋下兩支樹枝，並承諾漂到哪就在哪裡紮營，最後這樹枝帶大家到了雷克雅維克。然這個故事應該是編出來的，因為在一九七四年，冰島人慶祝雷克雅維克建城一千年時如法炮製，結果海拋百餘支樹枝，沒有一支漂到該城附近。

你知道嗎？足球雖然是格陵蘭的國家體育項目，也是這片土地上居民少數的精神寄託，但格陵蘭並不是國際足球總會ＦＩＦＡ的成員，ＦＩＦＡ要求會員國必須有最低標準的天然草皮球場供國際比賽使用，而格陵蘭的氣候條件，根本不可能擁有符合標準的天然草皮球場，就算用上綠色大地的國名來先聲奪人，也無法呼攏過去，反而是一樣名不符實的冰島做到了。

香豔刺激的《西廂記》

《西廂記》是中國文學史上少有傳世的豔情小說，改編成雜劇後叫做《崔鶯鶯待月西廂記》，看全名就隱約得知是兒童不宜的題材。故事由唐代元稹所寫《會真記》（指遇到仙女之意）衍生，在元朝被改編為雜劇而風行，這本被稱為元雜劇的壓軸之作，到了明清年間被朝廷列為禁書，《紅樓夢》中賈寶玉與林黛玉在大觀園偷看的那本就是《西廂記》，這對好奇的情侶用《會真記》的古稱來掩人耳目，就連楚留香身邊那群紅粉知己們，也懂得人手一本來打發船上的無聊時光。

中國在明清年間對文字的管理很嚴格，以對民間的政治異議打壓為大宗，然這部對中國的語言文化影響深遠的《西廂記》，倒不是因針砭時政上了黑名單，而是大膽的行徑不容於當時的禮教與善良風俗。內容是赴京趕考的張生對借宿處的崔鶯鶯一見鍾情，透過侍女紅娘牽線（不是拉皮條，畢竟未涉及金錢與勞務的交易），最後兩人相約西廂房成其好事。女方大膽的約炮簡訊就此流傳千古，就是這段「明月三五夜，待月西廂下，迎風戶半開，隔牆花影動，疑是玉人來」，時間地點都清楚交代，會面目的則沒寫得太露骨，堪稱進可攻退可守的曖昧絕唱。

元稹的原始創作中這段露水姻緣沒有延續，張生自覺壓不住鶯鶯的妖，怕像周幽王引致禍端就此射後不理。兩人各自婚配後，張生又念起鶯鶯的妖（不是腰）而打算藕斷絲連，這次換女方拿翹而久喚不出，分離時還作詩「還將舊時意，憐取眼前人」來吊張生胃口。

唐代以後，許多讀者對張生這個渣男得以全身而退的結局普遍不滿，遂逐漸在民間開始流傳其他二創的結局，宋代趙令時所作《商調蝶戀花鼓子詞》跟《會真記》內容大致雷同，最後則對張生的態度變為譴責。到元朝時內容大改，加入許多場景及橋段不說，鶯鶯也改為因家中老夫人堅持，需另嫁富貴人家（當冤大頭？）。結局則是這對苦情鴛鴦辜負長輩苦心，求助主持正義的白馬將軍由其做主完婚。

元代時王實甫，根據這部在民間有很多版結局的《西廂記》改編成劇本，除了使故事情節更加緊湊，還融合了古典詩詞提高文學性，但將結尾改成老夫人回心轉意，答應成其好事的轉折就顯得突兀。王實甫改編時使用北曲故稱為《北西廂記》，而崔時佩與李日華合著的《南西廂記》人物情節與《北西廂記》相同，曲文亦多沿襲，然文人總是相輕，陸采對李日華版的《南西廂記》不甚滿意，故重編

《北西廂記》為《南西廂曲》。

然而這部作品在細節方面的不馬虎，仍是拾手可得，在中國舊時的四合院配置中，北方專屬尊貴的主人，對向的南面則給服侍當家的僕人隨時待命，東廂房給主人的兒子，西廂房留給地位再低一級的女兒，女兒出嫁後用來招待客人，在相較來說比較隱密西廂房偷情，想來比較不容易「東」窗事發。

加州的黃金傳說

一八四七年一月二十三日，美國與墨西哥簽署停戰協議，為打了兩年的美墨戰爭劃下句點，正式劃分領土是在幾天後的二月二日，依據雙方簽署的停戰條約，美國獲取現在的加州（下加利福尼亞半島仍屬墨西哥）、內華達、猶他州的全部地區，以及科羅拉多、亞利桑那、新墨西哥和懷俄明州部分地區，同時美國亦向墨西哥支付一千八百二十五萬美元作為補償。這換算幣值到現在相當於相當於六億美元以上，是美國史上成功的幾筆交易之一。

一年後的停戰紀念日隔天，年輕而貧窮的馬歇爾先生，在一條名為美國河的附近遊蕩，據說就是在那天早上，他在河床上看到發亮的東西，這位當時受聘負責管理林場的工人，當時就知道發現了黃金，但後來才知道那個純度高達23K。發現寶藏的馬歇爾沉不住氣立刻告訴自家老闆，而且這傢伙完全管不住自己的嘴巴，消息馬上傳遍當時很貧瘠的美國西部，所有大遷徙時代在那落腳的移民，甚至世居此地多年的原住民都蜂擁而至，原先已經發展有些規模的舊金山，當下人口減少了七十五％。而且金子的閃亮魅力，可說是無遠弗屆，因為很多遠赴美國西部修築鐵路的日本人跟中國人，也都加入這個想發財的行列。

舊金山是中式的翻譯，直接音譯應該是三藩市，會叫「舊金山」，意指金子被挖光了的金山，當年很多中國人淘金未成就在該處成家立業，去過的人都知道這裡的中國城很有規模且歷史悠久。後來加州建州，因為金子吸引人潮的關係也被暱稱為金州，這就是何以NBA的勇士隊稱「金州」，而不稱加州。

既然有金州，那有沒有銀州？還真的有，就是緊鄰加州一起跟墨西哥買來的內華達州，因為這裡有產銀，不是因為拉斯維加斯的娼妓合法，就稱這裡是「淫」州。實際上還有個「銅州」，那就是一樣跟墨西哥交易來的亞利桑納州。

這段大家為金子瘋狂的歲月，在加州人的生活中還是處處可見其印記，像是球隊「舊金山四十九人」，就是指一八四九年，因為馬歇爾的大嘴巴所引發的移民遷徙，為紀念這個淘金潮，所以有時候會意譯為「舊金山淘金者隊」。題外話，這支球隊的主場目前由牛仔褲巨擘李維斯出資冠名，同名的創始人，就是在一八五〇年將用來製作帳幕的粗帆布，替當時的礦工製作了第一條牛仔褲，這也是他家經典不敗款501（一九五〇年誕生）的命名由來。

而引發這片黃金之地開發熱潮的馬歇爾呢？晚景相當淒涼的他，死的時候一文不名，還好後代感念這號人物對加州的貢獻，在最早發現金子的地方有立座銅像，給後世的啟示就是有好康就不要大嘴放送，悶聲才會發大財。

你知道嗎？阿根廷（Argentina）和「銀」的化學元素名稱（argentum）也很像，事實上「銀」的拉丁文（也是元素的命名字源），正是阿根廷國名的由來，當年來自歐陸的探險家聽說這裡有一座銀山，雖然沒發現，但有帶回和當地土著交易而來的銀飾。現在烏拉圭與阿根廷交界的大河，便被稱為白銀之河（Río de la Plata），「Plata」就是西班牙語中「銀」的意思。後來阿根廷獨立建國時，想與原來的殖民宗主國西班牙做出區隔，因此加入不同語系而意義不變的拉丁文來各自表述，最後以「República Argentina」做為國名。

娓娓道來臺北城門史

北門於清光緒十年（一八八四年）臺北府城建城時落成，這個市定古蹟是天龍國內罕有的清代建築。臺北人很少留意用紅磚瓦搭建閩式城樓的北門，是目前唯一仍保持當年風貌的正牌古蹟，跟其他中國北方綠屋瓦中式廟堂式建築的城門（東門、南門及小南門）長得完全不一樣之餘，又為何不曾聽聞西門的蹤跡？這必須由臺灣近代多舛的統治權轉手命運講起。

明末清初時，鄭成功家族趕跑了盤踞南臺灣的荷蘭人，建立東寧了王國，理當繼承國姓爺遺志的鄭經，反而向《鹿鼎記》中的主角韋小寶看齊，他們倆都心知反清復明的難度很高，就乾脆偷懶不幹了。

鄭氏王朝原先打算與清帝國和談共存，除條件談不攏外，還因為鄭氏王朝參與吳三桂帶頭的三藩之亂，才剛由施琅率軍平定，只好放下這個想法。原先清帝國沒打算經營臺灣，但後來因為擔心外國勢力再度染指，才願意投入資源建設。

為了與前朝餘孽的鄭家做出區隔，清帝國一開始就將政經中心，選定遠離府城臺南的臺北城，當時建城時有北門（承恩門）、西門（寶成門）、東門（景福門）、南門（麗正門）及小南門（重熙門）五座城門。

後來清帝國在甲午戰爭後割讓了臺灣，擁有最華麗雙層樓閣的西門，在一九〇五年第一個被拆除，因為拆毀引起鄉民反彈，臺灣總督府就停止拆除其他四座城門的計畫。後來在山中樵（不是孫文化名的中山樵）為首的學者奔走請命下，加上民政長官後藤新平的支持，依據一九三五年日本頒布的《史蹟名勝天然紀念物保存法》保留剩下的四座城門，西門則成為臺北城唯一沒有留下實體建築的城門。

後來國民政府遷臺，一九六六年臺北市政府開始以整頓市容及觀光需要為由，將東門、南門和小南門全面改建，由於當時已經計畫興建高架道路，因此預定直接拆除擋在路上的北門而不改建，開工後學者爭取改以彎道繞過北門並存的方式替代，北門就被高架道路主線和匝道緊密包夾，陰錯陽差地保留了下來。外貌跟其他城門格格不入的北門，在二〇一六年忠孝橋引道拆除後，得以能以最原始風貌再度與天龍國子民相會，天然的北門就是跟整過容的兄弟不一樣。

城門就是要四通八達，四方都開門是合理的設計，而多出來的小南門，則要從在地的泉漳械鬥講起。當年艋舺是以泉州人的勢力為主，那時好走的水路大概都要經過位在南門的渡船碼頭，這下住在一水之隔板橋的漳州人，豈不是回家都得看泉州人的臉色？因此板橋富商林本源出手捍衛了漳州人的尊嚴，為避開艋舺的泉州勢力，方便出入臺北府城，就捐建了這座小南門給同鄉出入。

目前華南金控集團的林本源家族，就是板橋林家花園的擁有者，他們是跟霧峰的林家是不同的勢力，然而這兩個林家對臺灣的教育事業倒是有志一同，臺中一中是霧峰林家（以林獻堂為代表人物）奔走下成立的，北臺灣已經打出名號的薇閣私立中小學，則是板橋林家的後代子孫所創立的，由於是依據林熊徵（字薇閣）遺願所創辦故有此名，跟經營汽車旅館的薇閣除了同名之外，並非關係企業，彼此間消費交流都沒有優惠。

南美領土最大國巴西的歷史

現今南北韓分治的北緯三十八度線，其實並沒有經過縝密的研究與算計，是來自美軍一個年僅三十六歲的上校彭史提爾的隨手一畫，初衷僅是便於地圖上定位和查找，再者是為避免蘇俄否決或反悔多留了些緩衝，沒想到美方司令不予細查就送出，對方也不假思索立即接受而就此定案。

這樣不經意的人為界線區隔出國家的命運，不是沒有前例，在大航海時代的兩大強權西班牙（當時為卡斯提爾王國）跟葡萄牙，就是一樣的模式。位於歐陸最西側的兩國，都熱中於海外領土的擴展，然而這對伊比利半島上的鄰居，不想把家園弄成戰場，兩造間的衝突就以較為文明的外交手段協商來弭平，雙方在一四七九年簽訂條約，預約分割未來的海洋區域，並尋求教宗的仲裁以取得合法性（把其他沒簽約的地球人都當空氣就是了）。本來這樣的紙上統治也還相安無事，但在一四九二年義大利人哥倫布打破了這個微妙的平衡，他在西班牙王室的支持下，誤打誤撞來到美洲大陸，導致西葡兩國間的新仇舊恨又被掀起，因為根據原本的協定，哥倫布有權占領的新天地，是屬於葡萄牙的。

西班牙當時找上教宗亞歷山大六世來助陣，這位公開承認自己與情婦有子嗣的教宗，出生於西班牙東部的亞拉崗，西班牙王室找上這半個自家人，果然爭取到比較好的條件，由亞歷山大六世制定的教宗分割線，規定在葡萄牙人於一四五六年占領的維德角群島以西的某個點，從北極至南極劃分一條線，作為兩國互不侵犯的界線，後來雙方同意移到西經四十六度，於一五二九年，再以東經一百四十二度為界線劃分。

這條線看似將整個美洲分給了西班牙，但卻意外地留下了南美洲一塊當時尚未發現的廣大土地，這塊日後稱之為「巴西」的領土，在一五〇〇年葡萄牙航海家卡布拉爾發現後，占領作為殖民地，這個南美洲最大的國家，也因此成為美洲大陸唯一講葡萄牙語的所在。

後來巴西的宗主國葡萄牙，一度被西班牙合併，甚至被法國占領，而巴西本身也曾一度被荷蘭人統治，只是天高皇帝遠，樂天的巴西人，還是繼續使用葡萄牙傳過來的語言與宗教。後來國力下滑的葡萄牙，為拉攏這個海外最大的殖民地，宣布改國號為「葡萄牙．巴西．阿爾加維聯合王國」。然在一八二二年九月七日，攝政王佩德羅一世宣布獨立，建立「巴西帝國」，當時只有封（攝政）王而沒有稱帝，是迫於當時國內政治環境的妥協，後來又因內憂外患得不到支持的他，只得黯然返回葡萄牙。

佩德羅一世於一八三四年逝世，他的心臟被放妥善地保存在裝有防腐劑的玻璃罐中，巴西當局在獨立兩百週年紀念時，以元首級的待遇，把這顆心飄洋過海請過來見證錯過的歲月，並由現任巴西總統博索納羅致詞歡迎，巴西人的心心相印就是做得這麼到位。

方唐鏡總是提到的《大清律例》

大家對當過臺灣海防欽差大臣的沈葆楨很熟悉，他是林則徐的女婿，然而在同一個年代的中國，知曉另一個與他同姓的重量級人物就不多了。

出生於浙江的沈家本，被譽為中國近現代法學的奠基人，他最大的貢獻是為中國引進西方法律體系，沈家本早年受父親官庇蔭，入刑部為吏而通曉《大清律例》，後來中國為了與國際接軌，開始對於相較苛酷落後的舊律進行修訂，而沈家本是當時唯一全程參與修法的中國人。

由於只對《大清律例》熟稔，對西方法學的認知並不扎實的沈家本，主導修訂法律期間，僅刑法和刑事民事訴訟法，就先後要求譯出法、德、俄、荷蘭、義大利、日本、美國與比利時等國法律文獻近四十種，比八國聯軍還要國際化。他建議廢除酷刑，並修訂了《大清現行刑律》以取代《大清律例》，且參照西方和日本刑法制訂了《大清新刑律》。沈家本同時還建立了律師制度，讓法律專家陪伴不懂法律的人民，避免在法庭上因為畏懼官威而錯講，出現不利於己之情事。因此讓周星馳的電影，僅能將時空設定在清朝中葉的同治年間，不然律法改革後，不但方唐鏡要改稱「律師」而非「狀師」，更不可能會有因跳進跳出及出言挑釁，就被官員圍毆的情節出現。

沈家本修法的過程並非一帆風順，一九〇七年的禮法之爭就是一例，起源於刪除《大清新刑律修正草案》中的「無夫姦」（亦即非處於婚姻狀態的女子與他人性交）的條款，以江寧提學使勞乃宣為首的禮教派，認為這不僅是刪除罪名而已，更是撼動傳統道德禮治的根基，因此要求將舊律中的禮教條款放入新律，而以沈家本為首的法理派奮起反擊，雙方以奏折互相抨擊告御狀，是說當時據說熱中尋花問柳的同治皇帝早就已經駕崩之故，所以找不到感同身受而反對無夫姦的高層力挺，所以沈家本當年可是經過一番苦戰才能慘勝。

原始的《大清律例》草創於順治三年（一六四六年）五月，然而直到清朝滅亡，部分新版的《大清現行刑律條例》依然繼續在香港通用，一直到一九七一年的十月七日，最後一條有關婚姻習俗的法律，由香港的《成文法》取代後才功成身退。所以不過半世紀前，香港男性依《大清律例》納妾及休妻是合法的，其子女與後代仍然有繼承權（繼承權分攤比例少於正室），就算祭出古時皇帝御賜的尚方寶劍，也不能阻止。

你知道嗎？其實修改版的《大清律例》許多規定還是相當嚴苛，例如從事革命者的子孫不分有無參與，「無論已未成丁，均解交內務府閹割」來剝奪其生殖能力，這種一律剪無赦的威脅性極高，尤其對男性更具嚇阻作用，就不要怪革命分子都不肯回中國而長年流亡海外。

惡名昭彰的黑三角貿易

糖跟尼古丁，可能是目前能自由合法購買使用的物質中最不健康的，人類本來就會渴望攝取外來的刺激，只要量能控制倒還無可厚非，然這兩項堪稱邪惡的物質，能這樣蓋天鋪地席捲世界，要回到一四九二年揭開序幕的「哥倫布大交換」，以及後續因應而生的「黑三角貿易」。

這個惡名昭彰的交易從十六世紀開始，本應是互通有無的三方得利，然而無良商人把貿易主軸，訂在資訊不對等的剝削時就走偏了，商人從歐洲出發裝載廉價的加工品，在非洲換成奴隸後，沿著航路通過大西洋，在美洲換成糖與菸草返航。

三個據點分別在歐洲西部、非洲的幾內亞灣及美洲西印度群島之間，航線大致構成一個邪惡的幾何大三角，由於其中受害最深的是黑膚色的人種，故又稱「黑三角貿易」，歷時有將近四百年之久。

蔗糖發源於印度，他們將甘蔗榨汁晒成糖漿後，再用火煎煮成塊，在漢代就曾以石蜜之名少量引進中國。西元六世紀時，薩珊王朝國王霍斯勞一世，將甘蔗引入伊朗種植，後來在西西里島及伊比利亞半島等氣候溫暖一點的地區也有分布，因為還不到能大量生產的規模，所以相當昂貴，當時歐洲的嗜甜者，僅能仰賴少量的天然蜂蜜與南歐進口的蔗糖製品來解癮，然而在歐洲人發現新大陸之後，事情有了變化，那片沒有開發又橫跨好幾個緯度的土地，無疑就是解答。哥倫布第一任妻子的母親，就在南歐擁有一片甘蔗園，他在一四九三年隨船將甘蔗帶去美洲試種，結果長得出奇得好，推測可能是哥倫布到死前，還堅信自己發現的是印度群島，畢竟發源該處的蔗糖回歸「故土」當然豐收。

後來開始大量在美洲建立殖民地的查理五世，下令把製糖師傅及糖坊技術人員送過海，並資助在新大陸建造糖坊。至一五三〇年代，甘蔗成為這代的新興經濟作物，開始有量產的糖回輸歐洲，喚起了熱愛吃甜的本能。由於習慣已經養成，後來西班牙帝國開始禁止蔗糖出口時，胃口已經養壞的歐洲人不得不使用甜菜取代，西班牙影響力不及的北美，甚至研發出由楓樹截取樹汁的方法來彌補，真的是不能低估人類就是要一嘗甜頭的決心。

歐洲人把糖介紹給新大陸的回禮也很隆重，重禮數的美洲原住民可是更早就展現誠意，哥倫布第一次發現新大陸時，印第安人就向這個客人介紹了菸草，這個一樣容易上癮的作物很快就風靡歐陸，雖然哥倫布航海原始意圖的香料尋找沒有收穫，然而帶回去進貢給國王的紓壓品，卻創造了更大的商機，黑三角貿易的輪廓因而成形，新大陸成了甘蔗與菸草的生產地，而大量耕作所需的勞動力缺口，就由非洲進口廉價的勞力，一開始從販賣人口開始，甚至後來進化到在生產地直接蓄奴（就是讓奴隸們自食其力，並繁衍生養繼續為奴的後代）來降低成本。

人類最早的全球化，就是這樣在彼此傷害下揭開慘烈的序幕。

你知道嗎？一六一四年有位叫羅夫的英國人，與美洲原住民領袖的女兒寶嘉康蒂共結連理，之後這對夫妻在女方帶來的嫁妝上努力開墾，他們在維吉尼亞殖民地一片占地數千英畝的土地上種植菸草，產能大到不但足以應付當地需求，甚至可以出口賺外匯，羅夫也被公認為北美將菸草商業化的先驅，然而不知何故，這段異國姻緣卻被改編成不同的版本，女主角不變，羅夫的身分則由印第安人女婿變成一個被俘虜的英國軍官，連姓氏都被改成史密斯先生，他被酋長女兒寶嘉康蒂超越種族的愛所征服，就是迪士尼同名電影《風中奇緣》所參考的民間傳說原型。

演員艾德華．諾頓曾在一個美國尋根的節目中證實，寶嘉康蒂和羅夫，就是自己第十二代的曾祖父母，並有直接的紀錄足以佐證，這不但讓當事人對此深感震驚，也讓全球無數的影迷都驚呆了，因為大家都以為且深信布萊德．彼特才是羅夫的後代，這是淵遠流長的鄉民梗，因為迪士尼在動畫中，改名成史密斯先生的羅夫，根本就是以布萊德．彼特的造型為藍本，不可能有錯的。

在臺灣稱王得看八字夠不夠重

民間傳說清朝嘉慶皇帝在還是太子的時期，曾來臺灣遊山玩水兼主持正義，這段被稱為「嘉慶君遊臺灣」的野史多次被改編成戲曲，其實清朝皇室成員根本沒來過這塊他們心中的化外之地，反而是據稱是乾隆私生子的福康安，真的來過臺灣，他是為鎮壓林爽文的叛亂而親征海外。

這不能怪愛新覺羅一家人迷信，畢竟前朝那位埋骨高雄湖內區的寧靖王朱術桂，就有不愉快的臺灣經驗。李自成為首的流寇攻陷北京後，朱家子弟就成了亡國王孫，在吳三桂引入山海關的清軍追殺下，這位落魄皇族在延平郡王鄭成功的庇蔭下，於廈門過了幾年安寧歲月，但國姓爺一過世，就被他兒子鄭經帶到臺灣當爭權的魁儡。晚年時又遇上鄭經猝逝引發的家變，最後清兵在鄭家降將施琅帶領下攻下臺灣，朱術桂（不算《鹿鼎記》中已經出家的九難師太的話）這位明室的最後血脈，決意一死殉國，隨侍在側的五個妃子（袁氏、王氏、秀姑、梅姐及荷姐）堅持與夫君同進退而全都自縊，這讓一樣多妻的韋小寶陷入長考，很會洞悉人心的他，知曉建寧公主跟方怡是絕對不會跟進殉葬的。

不只是中國，日本也有皇室成員死於臺灣，就是圓山臺灣神社所奉祀，領軍接收臺灣卻病歿於此的北白川宮能久親王，官方說法是他因罹患瘧疾（也有霍亂的說法）而病死，而臺灣民間多傳說這位親王是在臺被伏擊才死的，有人說在新竹遭竹槍狙擊，也有人說是在八卦山被炸傷，甚至還有在嘉義被刺客暗殺的說法，由於這三處都曾發生戰況激烈的抵抗，因此日軍最高統帥在這幾處死了又死的傳言，多少能慰藉當年抗日衝突下的犧牲者。後來入主臺灣的國民政府，也很熱中歌頌這種反抗外來人統治的題材，能久親王被鄉勇處決的版本就越傳越多，現在是查證無門了。不過確實病死的可能性最高，據日本衛生部統計，日軍接收臺灣過程中，共計死亡人數為八千五百零三人，其中因戰鬥犧牲的是三百三十三人，其餘超過九成五，皆為水土不服而病故。

具有王室血統的是這樣，因功受封的貴族世家在臺灣也是高危險族群，一向生龍活虎的鄭成功趕跑荷蘭人後，在臺灣落腳不過四個月，就因病結束絢爛的一生。國姓爺猝逝後權力真空，由有主場優勢的胞弟鄭襲先接手，結果被鄭成功的兒子鄭經從駐紮的廈門率軍來襲，叔姪爭權落敗換鄭襲遭流放禁錮於廈門，沒多久就逃去投奔大清，而易地而處的鄭經在入主臺灣後，也跟其父一樣在四十歲就病逝。之後外戚馮錫範策畫東寧之變，將繼位不及三日的嫡長子鄭克𡒉黜殺害，改立其女婿鄭克塽（鄭經次子）繼承王位，不過也只做了三年就被康熙徹底殲滅，連祖墳都被遷往北京。

所以說在臺灣稱王拜相，真的要先惦惦自己的斤兩，看看八字重不重。

愛恨情仇百轉糾纏的印度獨立

英國首相邱吉爾曾經輕蔑地說：「印度是一個地理上的術語，就像赤道不是個統一的國家，印度也不是。」他老人家的認知，其實與世界潮流是脫節的，剛好跟赤道撞名的厄瓜多（因赤道橫貫該國，故以西班牙文「赤道 ecuador」為名），早在一八〇九年就獨立（然不是將赤道涵蓋處都統一成一國就是了）不說，二次世界大戰結束後，在「去殖民化」的風潮席捲下，邱吉爾口中一樣也不具國家要件的殖民地印度，也脫離英國建立自己的身分，但過程複雜許多，真的許多許多。

印度的獨立運動，可追溯至一八五七年的起義活動，從一九二〇年起由甘地所率領的不合作運動開始，逐漸升溫的民族自決意識，讓主軸越來越趨近武裝革命。為延緩整個進程，英國開始在印度的宗教間製造分裂與矛盾，此舉為這火藥庫埋下更多衝突的火種。二戰之後，甘地雖然希望印度能夠獨立並成為一個完整的國家，但為了平衡境內各股尖銳的堅持，甘地還是將「印度獨立」和「未來再區隔巴基斯坦分治的方案」，以並行的模式來規畫。

一九四七年六月三日，殖民地末代總督、印度副王蒙巴頓子爵，突襲式宣布英屬印度將分割為兩個國家，期限就壓在七十二天後的二戰終戰紀念日（八月十五日）的午夜生效，這個參雜了歷史、宗教、種族、殖民宗主國間的角力，和對於鄰國的覬覦與仇恨的分家，堪稱是史上最複雜的切割，英國找來當時國內最棒的拉德克利夫律師來主持，在英國執業的他，根本跟這兩國毫無淵源，本來以為這樣可以做到不印不巴的不偏不倚，最後還是不得不以宗教信仰為界一刀切，印度教徒為大宗的印度，與穆斯林為主的巴基斯坦就此各立門戶，這個甘地口中野蠻的「活體解剖」，是個沒有人滿意的全盤皆輸，因為印度半島馬上就爆發印度教徒、穆斯林和錫克教徒之間的流血衝突，包含東巴基斯坦在一九七一年脫離巴基斯坦，獨立為孟加拉國的插曲。

而「印巴分治」導致數百萬人因而流離失所之餘，印度教極端民族主義者，又刺殺了全民景仰的甘地，無暇等傷口癒合的印度，先以談判收回法國殖民的本地治里，再以武力將葡萄牙驅逐出果阿，之後在一九七五年以公投方式併入北部的錫金，然而兩國獨立時，境內五百多個土邦的主權歸屬仍未能完全擺平，迄今爭奪喀什米爾（印度境內唯一穆斯林為大宗人口的地區）的主權，還是印巴衝突的焦點。

主導這個行動的拉德克利夫律師，最後退回服務費用（兩千英鎊），頹喪的承受後世的罵名及自己內心的折磨。但這真的不能怪他，在這個愛恨情仇糾結百轉的國度，印巴的分家真的是寸土不讓的針鋒相對，所有的資產及債務都需均分，甚至圖書館內的《大英百科全書》都得切一半才顯得公平，這位倒楣到家的律師，真的是在錯的時間，接下最吃力不討好的工作。

你知道嗎？尼赫魯．甘地家族，是現代印度著名的政治家族，自印度國大黨成立以來，該家族幾乎囊括所有的統治權。這個有三位成員擔任過印度總理的家族，與有印度國父稱號的甘地，其實完全沒有血緣關係。該家族是在女兒英迪拉和費羅茲．甘地結婚後，才跟甘地這個響噹噹的姓氏有連結，而費羅茲．甘地也是在參與印度獨立運動後，才將自己原先的姓氏的「Ghandy」，改為與甘地相同的「Gandhi」。

島嶼散布的廣闊太平洋誰能當家？

太平洋是地球上最寬廣的覆蓋，這片巨大水域涵蓋了三分之一星球的表面積，不過對這片藍色無垠的探索，受限於季風、洋流及航海技術，直到了大航海時代才有了比較具體的文獻及紀錄，幾個陸續被「發現」（純以航海國家的史觀來看）的島嶼開始有了劃地為王的喊價，在幾個航海強權的角力下，主權不斷轉手，真正生長於斯、埋骨於此的島上原住民，反而成了局外人。

先不論真偽難辨的《馬可波羅遊記》，最早有關太平洋紀錄的歐洲人是巴爾柏，他從巴拿馬地峽的制高點，見到了當時稱為南海（相對於叫北海的加勒比海）的所在，這位後來被當叛國賊砍頭的探險家，沒有從這個中美洲據點延續西進，而是六年後由麥哲倫另覓水道到達了太平洋，並完成不少島嶼的探勘與占領。本身是葡萄牙人的他，與巴爾柏都是出身於伊比利半島，國籍不同但都是由西班牙國王出資贊助，可見當時這個國家對擴展海外勢必在必得的決心。從十六世紀開始，西班牙就以菲律賓的馬尼拉為據點，統領這些宣稱有管轄權的西太平洋群島。

透過這些海外據點的擴張，西班牙最早擁有人類史上「日不落國」的稱號，然而實際上，要從馬德里管理始終有太陽照耀的領土，實在很損耗國力，在美西戰爭結束後，西班牙將菲律賓拱手讓給美國，而對其他太平洋島嶼也抱著「得之我幸，不得我命」的隨緣態度，反倒是德國看好這些太平洋上群島的戰略地位，他們先是策動傳教士灌輸島民德國皇帝的統治更有保障，最後更是直接在一八九九年，跟西班牙買下這些領土的所有權。

島上居民要開始改講德語了嗎？其實不用，反正一開始也沒有將西班牙文落實到生活中。然效忠的對象十五年後就又再次換人，透過第一次世界大戰與英國聯軍打贏的關係，日本取得德國在此絕大多數島嶼的所有權。

就是因為擁有這些太平洋上的島嶼做為補給據點，日本有本錢與美國在海上展開艦隊對決，不過在二次世界大戰落幕時，落敗的日本還是無條件投降，這些島上通行了大概三十年左右的日治制度，又要再一次改轅易轍，島民也在五十年間，莫名其妙換了四個宗主國。

還好這些樂天的島民真的是擊壤歌的信徒，管他現今治權誰屬，鑿井而飲，耕田而食，帝力於我何有哉，就是這樣的豁達，才能在瞬息萬變的國際情勢中，真正做到以不變應萬變。

古柯鹼嗑到飽的毒梟聖「熊」

一九八五年，有一隻黑熊的屍體在美國的國家公園樹林中被找到，並發現牠吃掉了三十五公斤，價值約兩百萬美元的古柯鹼。在牠死去的前五分鐘，牠是有史以來，不論在哪一大洲，最兇猛的毒品掠食者。這個故事在二〇二三年甚至被拍成了黑色喜劇電影《熊蓋毒》。

先不管電影是否翻拍得好，單看這故事的背景設定，就已經非常有事了。走私犯安德魯·C·湯瑪士二世，肯塔基出身，做過傘兵，參與過一九六五年美國涉入的多明尼加的內戰，並拿過紫心動章榮譽。戰後回老鄉擔任警察，並且夜校讀法律，最後拿到律師執照，並在一九七七年警察退役後執業。

他四年後被指控涉入加州犯罪集團，從事走私大麻及偷竊武器等行為。當下不認罪的他，卻在訴訟前臨陣脫逃。在北卡地區被捕時，還穿著防彈背心及持有武器。在被拘捕時沒有太大反抗，因此只被判了持有毒品的輕罪，刑期六個月、罰鍰五百美金，而且還緩刑五年。當然，律師執照是被吊銷了。只能說那個年代，當過兵的白人真是太好命了。

顯然這種輕判，沒能讓安德魯有太大的自省，因為之後玩得更大。他跟合夥人駕著私人飛機，從哥倫比亞走私古柯鹼。一九八五年九月十一日，飛回美國的途中，他們在飛機上聽到自己已經被盯上。他倆隨即將飛機設為自動駕駛，把飛機裡約四百公斤的古柯鹼丟出去，兩人也跟著跳傘各自逃脫。只是這次安德魯沒那麼幸運了，他的降落傘故障，而地心引力對任何人都是公平的。安德魯的屍體被發現時，穿著防彈背心，背著軍事被包，帶著夜視鏡，穿著古馳名牌鞋，身上還夾帶著三十五公斤的古柯鹼。

三個月後，在喬治亞州的「查塔胡其．奧康尼國家森林公園」，發現了一具黑熊的屍體，附近也有被咬破的毒品包裝袋。喬治亞州的驗屍官隨即進行解剖，發現該黑熊的胃裡面，塞滿了約三十五公斤的古柯鹼。警方進行比對，確認這裡就是三個月前安德魯空中冒險所行經的路線，宣告破案。

這個黑熊後來被製成標本，人們以哥倫比亞大毒梟「巴布羅．艾斯科巴」的名字來幫他命名為「艾斯科巴」，或是直接以外號稱牠為「古柯鹼熊」。這標本現收藏在肯塔基州的萊辛頓市購物中心，各位有幸經過時，千萬別錯過了一睹這個史上最強毒品掠食者的機會。

史上有紀錄以來的最大聲響

史上有紀錄最大的聲響，來自於一八八三年荷蘭的喀拉喀托火山爆發，該次爆發的震波環繞地球四圈，震傷六十五公里以外的耳膜。

這次火山爆發真的不是在開玩笑，七月二十日日開始噴發，附近船隻須用鐵鍊固定。八月十一日愈發劇烈，火山灰從七個孔冒出。八月二十七日劇烈的爆發，引發三十公尺高的海嘯。其聲響大到三千五百公里外的澳洲，跟四千五百公里外的模里西斯都有紀錄。

這次爆發毀掉該島七〇%的地表，十三公里內沒有生還者，四十公里外的蘇門答臘村莊，有約一千人被火山碎屑流所殺死。

荷蘭官方統計，喀拉喀托火山爆發跟引起的海嘯，造成三萬六千四百一十七人罹難，屍體最遠被沖到東非的岸上。喀拉喀托火山噴發所造成的海嘯，在二〇〇四年南亞海嘯發生前，是印度洋地區所造成死傷最慘重的海嘯。但是你要知道，那時喜歡去印度洋島嶼度假的人，沒有現在多。

小型的噴發一直持續到了十月，噴發過後原來的火山島三分之二消失了，只剩火山島的南部，並留下了一個兩百五十公尺深的破火山口。

一九二七年新的火山活動，又產生了一個成長中的火山島，名為「喀拉喀托之子」火山。該火山於二〇一八年再次爆發，引發了海嘯，火山體積又縮小了四分之三。

喀拉喀托之子火山，最初被海浪拍打削平，但最終火山的生長速度還是超過了海浪的侵蝕速度。一九三〇年八月，喀拉喀托之子火山終於成為永久島嶼，自那之後一直是火山學家研究的對象。自一九五〇年代開始，該火山島以每星期約十三公分的速率持續增高中。

讓澳洲傷亡慘重的兔子戰爭

一八五九年，澳洲定居的英國人湯瑪斯．奧斯丁，為了回味家鄉的打獵之樂，請姪子從英國弄來十三隻兔子野放。一開始覺得無傷大雅，一解打獵之饞。但因為沒有天敵，讓兔子們覺得這裡真是他媽的天堂啊。人們在十年後發現，就算一年獵殺兩百萬隻，也不覺得兔子變少，開始驚覺得事態可能有點嚴重。

這群穴兔，原本也不是英國土生土長的物種，最早是從南歐和北非地區引入英國的。但是拿來做對比的話，當初花了七百年才從西班牙氾濫到英國的這群兔子，在澳洲僅花五十年就達到這種同樣的程度，堪稱史上哺乳類動物最強侵略。

儘管兔子在當地是一種名聲不好的害獸，但遍地都是的兔子，也保證許多當地人在十九世紀末到二十世紀三〇年代，經歷了兩次經濟大蕭條時期和戰爭時期，都還能填飽肚子。透過捕兔，農民和牧人獲得了食物和額外的收入，甚至幫一些人還了農債。人們拿兔子餵狗吃，或是煮熟了餵家禽吃。之後，人們開始交易冰凍兔肉，甚至將其出口外國。兔毛也被用作毛皮貿易，並支撐起當地的兔皮帽業。

自從十九世紀從歐洲引入兔群後，兔子就給澳洲的生態環境帶來了非常糟糕的影響，人們懷疑牠們是澳洲物種數量下降的最主要因素。此外，雖然人們尚未充分認定當地植物數量的減少，是否也該由兔子們負主要責任，但知道這些兔子在果園、森林和私人院子中經常啃食樹皮的行為，確實會造成幼樹的死亡。

兔子也是水土流失問題的主要元凶。牠們啃完植被後，暴露的表土已受大風侵蝕。表土被風捲走會使土地遭受破壞，且需要數百年的時間才能恢復生機。

澳洲政府對付兔子的方式，有一八八三年頒訂放生罰款，一八八五到一九〇七年間不斷地築起圍籬防止兔子擴散，這些設施加起來的總長度超過三十二萬公里。但是，有些兔子們早在拉圍籬前就已經跳了過來，所以這個計畫最終是失敗的。

一九五〇年代，澳洲引入「兔黏液瘤病毒」來處理兔子問題，並在當時成功的解決了九十五%的兔子。但是剩下的五%卻因此免疫，變得更強。

一九九一年，澳洲引入了「兔出血症病毒」，這一九八四年在江蘇省發現的病毒，曾經在一年內殺了一．四億隻兔子，讓澳洲見獵心喜。引入之初，在澳洲可受控的環境之下（小島或灣區）進行實驗。但是在一九九五年，該病毒意外流出，僅八周就造成一千萬隻兔隻的死亡。

目前澳洲的兔子數量，大概在兩億隻上下。

那個武俠小說常出現的契丹國

在東西沒有頻繁交流的年代，國際關係通常僅限於禮貌性的拜會，或外交上的結盟，然而透過小規模的交流與商旅的口耳相傳，早在西元前三世紀，羅馬帝國就知道東方有個大秦帝國，這也是後來西方世界以「支那」譯音稱呼中國的原因。

這個字眼倒沒有貶抑意味，像是中南半島在一九四一年前，我們也都直翻為印度支那，就是指夾在中國與印度之間，受兩地文明體系影響的地區，目前較有共識的國際稱呼，則為東南亞大陸。

蒙古人建立的金帳汗國，自十三世紀至十五世紀制霸歐洲，他們慣稱中國北方的遊牧民族為「契丹」，被強大的金帳汗國擋在中間的歐洲人，尤其是在此期間興起的斯拉夫語族和突厥語族諸民族，均誤以為「契丹」這個蒙古鄰居，就是歷史悠久東方那個古老的中國，到現在仍有不少歐洲國家，還是以契丹為緣由發展出來的字眼來稱呼中國，像是英語目前還有用「Cathay」（如「Cathay Pacific」國泰航空）的用法，而葡萄牙語中的「Catai」和西班牙語中的「Catay」亦然，均係因為契丹音譯，所產生的張冠李戴。

蒙古人稱的契丹，跟武俠小說與歷史課本提到的也不是同一個，五代十國至北宋時期的外患契丹，是由耶律阿保機建立，他兒子耶律德光即位後改國號為大遼。不過西方人透過蒙古人得知的契丹，是指兩個世紀後才出現的西遼。因為正宗的遼帝國被女真族（後來的金朝）擊潰後，遼朝宗室耶律大石率領部分和漢人混血的契丹貴族，還有關係密切的幾個游牧民族借殼上市，這個繼承了契丹名號的二代遼國，被稱作「喀喇契丹」，也就是後來擊敗了突厥而稱霸中亞的西遼帝國，這個漢族血統如此稀薄的契丹，被不明究裡的游牧民族誤解成中國，雖然說跟原來的契丹還是能攀親帶故，但對《天龍八部》裡那個武功蓋世的悲劇英雄還真是情何以堪，就是那位發現身世，改姓歸宗後言必自稱「契丹人蕭峰」的喬峰一定感到很悲憤。

宋朝年間的契丹人先祖曾經隸屬於匈奴，後成為鮮卑的一部分，甚至還曾臣屬鮮卑人中尊貴的慕容家族，所以「北喬峰、南慕容」的世仇早就這兩人出生前，甚至上一代的蕭遠山與慕容博之前，就結下樑子了。

你知道嗎？創立契丹霸業的耶律阿保機對漢人文化很仰慕，但他漢化最深的長子耶律倍，卻因為皇后述律平作梗沒繼位，逃到中原尋求後唐庇蔭的他，就完全縱情優游於文學與藝術之間而不問政事。

耶律倍是一位博學多才的儒學大師，在繪畫方面的造詣更是可觀，不過這位史上首位知名的契丹藝術家嗜飲人血，他會在姬妾臂上開洞吸血，並用火燙挖眼的酷刑震攝妻小，元配夏氏就是因為恐懼，而主動要求削髮為尼。

國家圖書館出版品預行編目資料

眞人眞事眞有事：那些課本沒有教的小故事、大歷史 / Zass17 著.
-- 初版. -- 臺北市：圓神出版社有限公司，2023.7
272面；14.8×20.8公分（天際系列；10）

ISBN 978-986-133-883-5（平裝）

1. CST：世界史　2. CST：歷史故事

711　　112007590

Eurasian Publishing Group
圓神出版事業機構
圓神出版社
Eurasian Press

www.booklife.com.tw　　reader@mail.eurasian.com.tw

天際系列 010

眞人眞事眞有事：那些課本沒有教的小故事、大歷史

作　　者／Zass17
插　　畫／MAX LIN ART
發 行 人／簡志忠
出 版 者／圓神出版社有限公司
地　　址／臺北市南京東路四段50號6樓之1
電　　話／（02）2579-6600・2579-8800・2570-3939
傳　　真／（02）2579-0338・2577-3220・2570-3636
副 社 長／陳秋月
書系主編／賴真真
專案企畫／尉遲佩文
責任編輯／林振宏
校　　對／林振宏・歐玟秀
美術編輯／林雅錚
行銷企畫／陳禹伶・林雅雯
印務統籌／劉鳳剛・高榮祥
監　　印／高榮祥
排　　版／杜易蓉
經 銷 商／叩應股份有限公司
郵撥帳號／18707239
法律顧問／圓神出版事業機構法律顧問　蕭雄淋律師
印　　刷／祥峯印刷廠
2023年7月　初版

定價 330 元　　ISBN 978-986-133-883-5